Die Geschichten G des Grauen

Gerry Grey

Die Geschichten G des Grauen

Bibliografische Information der Deutschen
Nationalbibliothek:
Die Deutsche Nationalbibliothek verzeichnet diese
Publikation in der Deutschen Nationalbibliografie;
detaillierte bibliografische Daten sind im Internet
über http://dnb.d-nb.de abrufbar.

Herstellung und Verlag:
BoD – Books on Demand, Norderstedt
ISBN 978-3-7322-4034-0

Inhaltsverzeichnis

Prolog (nicht im Himmel) 7

Die schlagfertigen Filii oder Wie nimmt man Daddy den Wind aus den Segeln? 13

1,2,3, (…), 5,6,7, (…)! Die nicht durch Alkohol verursachte Zählweise des Salsa 20

Perfektion ist nicht alles, das Vergnügen MUSS jedenfalls überwiegen – oder: Tanz als Mittel zur Versöhnung 26

La vie sans cellulaire oder Kann man heute ohne Handy noch (über)leben? 34

Bore out, oder Will man „es" nur haben, damit man sich von jenen unterscheidet, die Burn out haben? 42

Der Bike-Trip oder „Es iss alles sso locker flockig…" 51

Die Schlüsselloch-Operation oder: Reicht dehnen nicht auch aus? 57

Anneliese und Jakob, beide nicht nur der Kunst zugetan 86

Schweben wir doch dahin, wenn es gewünscht
wird, notfalls auch bei 34°C im Schatten............ 99

Epilog oder, um mit Shakespeare zu enden, All´s
well that ends well!.. 103

Prolog (nicht im Himmel)

Der Titel des Buches könnte Tolkien-Verehrer in die Irre führen. Durchaus nachvollziehbar wäre doch die Interpretation, dass „G" für Gandalf stehen könnte, und auch der Spitzname „Der Graue" diesem sehr sympathischen Zauberer zugeordnet wäre.

Die Hoffnungen, es werde nun eine Geschichte (oder gar mehrere?!) aus dem Auenland folgen und wüste Kämpfe gegen die fürchterlich anzusehenden „Uruk-hais" oder andere Unwesen würden den Adrenalin-Pegel in ungeahnte Höhen treiben, werden sich nicht erfüllen! Hoffentlich sind Sie nicht schon jetzt enttäuscht! Die teils mystischen, teils geliebten, teils verhassten Charaktere aus dem „Ring-Opus" werden auf den nächsten Seiten jedenfalls nicht zu finden sein.

Auch die drolligen Hobbits (die derzeit cineastisch ausgeschlachtet werden!), die wir alle lieben (müssen!), geben sich hier kein Stelldichein. Es wäre auch sehr vermessen von mir gewesen, den Versuch zu unternehmen, den großen Tolkien zu kopieren, womöglich die neue Sprache „Nüntzolydonisch" dem Leser näherzubringen oder das Land „Obermars" zu kreieren…Um der Wahrheit die Ehre zu geben, muss ich jetzt bekennen, dass die von mir genannte Sprache auch in meinem Kopf nicht existiert, ich einfach einen dummen Begriff erfunden habe, hinter dem gar nichts steckt. „Mars" hilft zwar, bekanntermaßen, bei Arbeit, Sport und Spiel (so lautete ein Werbespruch für dieses durchaus, im wahrsten Sinne des Wortes, süße

Produkt!), „Obermars" hingegen gar nicht, denn es gibt meines Wissens weder einen Riegel dieses Namens, noch hat je ein Autor das Land „Obermars" erfunden! Sich eine Sprache mit ausführlicher Grammatik und auch eine vollkommene Landkarte auszudenken, waren ja nicht die einzigen Großtaten des großen britischen Literaten. Auch sogenannte Realisten (zu denen ich mich zähle, obgleich ich in den letzten Jahren einiger Fantasy-Literatur durchaus schon etwas abgewinnen konnte; immerhin gab es auch schon zu meiner Zeit, i.e. in den 60er- und 70er-Jahren des vergangenen Jahrhunderts, Abenteuerromane, die vermutlich heute unter das Genre Fantasy eingeordnet würden!) waren begeistert von den Abenteuern, die Frodo & Co erlebt hatten. Die Eigenarten der Zwerge, der Hobbits, der Mut eines Legolas und besonders des „besten Freundes der Hauptfigur, den man sich nur vorstellen kann" (gemeint ist, wie unschwer zu erraten war, Samweis „Sam" Gamgee), der Humor des charmanten Gandalf, garniert mit spektakulären Kampfszenen, machen was her. Im Film tragen die Musik und die fantastischen Landschaftsaufnahmen dazu bei, dass dem Kinobesucher ein Leckerbissen, man kann auch sagen ein Festmahl, serviert wird. Doch genug der Lobhudelei auf „Der Herr der Ringe", obwohl es davon in Wahrheit gar nicht genug geben kann.

Um die Frustration der Leserinnen und Leser nicht weiter zu schüren (bis jetzt ist nur klar geworden, was alles n i c h t zu lesen sein wird!), ist es höchste Zeit, darauf einzugehen, was denn nun in diesem Buch geboten wird. Oder darf ich Sie noch ein wenig auf die Folter spannen?

Eine Gemeinheit wäre es, nun alle literarischen Formen daraufhin zu untersuchen, ob sie in diesem Buch vorkommen werden.

Nein, keine Angst, ich bin nicht so sadistisch veranlagt, und außerdem kann es meine Intention nicht sein, die Leserinnen und Leser zu ärgern. Ich werbe doch um Ihre Gunst! Obwohl....Ich kenne ein Buch, das auch aus dem Bereich Fantasy-Literatur stammt, in dem der Autor doch tatsächlich die Chuzpe besessen hatte, zB alle Farben (inklusiver aller bekannten Schattierungen!) auf über zwanzig Zeilen aufzuzählen.

Der tiefere Sinn dieses Vorgehens ist mir leider bisher nicht klar geworden. Möglicherweise ist es eine Art von, doch eher schrägem, Humor?!

Meine Leidenschaft gehört den Anekdoten, den doch meist lustigen, kleineren oder auch größeren Ärgerlichkeiten/seltsamen Begebenheiten/lustigen Episoden, die Menschen im Alltag widerfahren. Und wenn ich schon Tolkien erwähnt habe, so ist es unerlässlich, an dieser Stelle dem unvergleichlichen und unvergessenen Ephraim Kishon Rosen zu streuen. Ich wage zu behaupten, dass dieser Großmeister dieses Genres (er spielte zwar gut Schach, hat aber in dieser Sportart den ihm von mir verliehenen Titel Großmeister nicht errungen!) mich geprägt hat. Das Wasser kann und will ich ihm nicht reichen (er ist übrigens im Jahre 2005 verstorben, würde daher auch nicht trinken wollen und können!), denn: Selbst ist der Mann! Kein (blindes) Epigonentum, das zeichnet den Schriftsteller aus! Kreativität ist oberstes Gebot! Lernen konnte man vom großen Idol die ironische Ausdrucksweise, die präzise und gut nachvollziehbare Beschreibung der Ereignisse und Personen, inklusive Aufdeckung der menschlichen Schwächen und, klarerweise, das gezielte Hinarbeiten auf den Klimax, die Pointe.

Eine genaue Beobachtung der Verhaltensweisen der vorgestellten Personen und die Fähigkeit, auch über eigene Fehler lachen zu können, zeichnet den überdurchschnittlichen Satirenschreiber aus. Und was für den Leser oder die Leserin die Lektüre besonders erfrischend macht, ist, dass man sich in manchen Personen wiederfindet! Wer kennt denn nicht den alltäglichen Ärger mit nicht schlafen wollenden Kindern, einer kaputten Waschmaschine, nicht stubenreinen Hunden, etc.? Ich kann nur empfehlen: „Lesen Sie sich das an" (in Abwandlung von Karl Farkas, einem in Wien berühmt gewesenen und immer noch geschätzten Kabarettisten, der, bevor ein Sketch gezeigt wurde, stets gemeint hatte: „Schauen Sie sich das an!").

Ich sage es ohne Bedauern, auch ohne schlechtes Gewissen (der Romanschriftsteller mag in den Augen der Welt mehr gelten!): Mir geht es um die amüsante Erzählung von Begebenheiten, die entweder ich oder mir nahe stehende Personen erlebt haben.

Zur Auflockerung, oder vielleicht eher um die Spannung ein wenig aufzubauen, eventuell auch um die Vorfreude auf die nächste witzige Geschichte auflodern zu lassen, n e i n, in Wahrheit, weil es mir ein Anliegen ist (aber das war ohnehin klar, oder?), gebe ich auch meine durchaus kritische Meinung zu unterschiedlichen Themen ab.

Für die Authentizität der Vorfälle kann ich meine Hand ins Feuer legen. Igitt, wer macht denn heutzutage noch so etwas Barbarisches? Tut doch höllisch weh!

Ich korrigiere: Ich kann mich für die Echtheit des Geschilderten verbürgen.

Wesentlich ist für mich, zu unterhalten, das Lächeln zu erzeugen, das auch ich in den unterschiedlichen Episoden (doch meist auch erst ex post?!) erfahren durfte. Vielleicht ist ja ein wenig Lebensweisheit dabei. Als Philosoph würde ich das Leben so beschreiben: Die Essenz ist der Humor! Lachen ist die beste Medizin, wirkt insofern „posthum", als das Ärgerliche, das mir soeben, unter Umständen schon vor einigen Tagen oder Monaten, widerfahren ist und damals eine schlechte Stimmung erzeugt hatte, vom Lachen quasi „überlagert" wird. Auch wenn der Ärger nicht ungeschehen gemacht werden kann, eine Heilung in dem Sinn, dass das Erheiternde dieser Episode im Gedächtnis bleibt, findet statt.

Fehler und Schwächen habe ich (zwar nur wenige, wie ich meine ;-)), haben meine Mitmenschen (die vor allem!!), aber muss man sie „tierisch" ernst nehmen, muss man daran „ersticken", sich „grün und blau" (das müsste Türkis ergeben, oder?) ärgern, rot vor Zorn werden, den Anderen hassen? Ich behaupte einmal leger: Nein, muss man nicht. Aber, ich konzediere: Kann man!

Um mir Klagen zu ersparen, ebenso um nicht alle Details mich und Personen betreffend, die mir nahestehen, preisgeben zu müssen, fand ich es durchaus opportun, Namen und Umstände einiger Kurzgeschichten zu verändern. Das Wesentliche, die Pointe, bleibt zweifelsohne erhalten!

Jetzt ist es aber höchste Zeit, den ominösen Titel des Buches aufzuklären.

Der Hintergrund des Titels ist sehr banal: Der Autor hat gleich zweimal ein G in seinem Namen, einmal im Vor- und eben einmal im Nachnamen.

Er ist zwar kein Zauberer im klassischen Sinne, hat inzwischen, wie er das einschätzt, die Lebensmitte schon überschritten, und daher auch graue Haare. Der Zweck des Buches wäre dann erreicht, wenn es gelänge, als Zauberer der besonderen Art zu reüssieren, nämlich dadurch, ein Lächeln, oder wie man in Wien auch sagt, ein „Schmunzeln" auf Ihre Lippen zu zaubern.

Die schlagfertigen Filii oder Wie nimmt man Daddy den Wind aus den Segeln?

Als „Opener" wie man das bei einem Jazzkonzert bezeichnet (jedenfalls habe ich es bei einem solchen gehört!), möchte ich, der ich die Freude hatte und habe (ja, auch die Kalamitäten, unschönen Erlebnisse, kräfteraubenden Phasen der ersten 12 Monate) Vater von vier Kindern zu sein, mit meiner Geschichte über meinen älteren Sohn beginnen.

Die Story begann am Abend vor dem fürchterlichen Crash, mit einem als sehr positiv einzustufenden Verhalten meines Sohnes. Ich wechsle nun in die Gegenwart, um die Ereignisse dramatischer wirken zu lassen!

Fritz hat ein Referat über Frankreich vorzubereiten. Er „strebert" und „strebert". Er sucht in „Google" Fakten zusammen, liest die Historie der fünften Republik. Dabei türmen sich die Schmierzettel im Wohnzimmer, um ein wenig präziser zu sein: Sie bedecken das Sofa, das kleine Tischchen, und ein paar ganz vernachlässigte Zettel müssen ihr schreckliches Dasein auf dem Fußboden fristen. Er arbeitet bis spät in die Nacht hinein. Kompliment an den Knaben! Davon hat der Vater schon seit ungefähr zehn Jahren geträumt. Das war, bei Gott, nicht immer so!

Die Malaise an dieser doch so schönen Begebenheit ist - der Leser/die Leserin wird es wohl vermutet haben-: Die vereinsamten Zettel sind quasi „auswärts" und finden, alleine schon gar nicht, nicht den Weg nach Hause.

Sie bleiben über Nacht, niemand kümmert sich um sie! Einsam liegen sie da, sie harren der Dinge, die da kommen werden, voll der Hoffnung, doch noch in eine Tasche, oder wenigstens auf einen Schreibtisch, früher oder später, zu gelangen.

Am nächsten Morgen möchte der Herr Papa auf seinem Laptop surfen und sucht verzweifelt ein freies Plätzchen auf dem Sofa. In seinem grenzenlosen Mitleid nimmt er die überall im Zimmer verteilten Zettel und legt sie auf den Boden, zu den ärmsten ihrer Gattung, auf einen Stoß.

Na ja, das trifft es jetzt nicht ganz. Ich sollte doch bei der Wahrheit bleiben: Er, also ich, schmeißt sie hinunter. Ein wenig präziser: Voll des Ärgers! Diese Art der Tätigkeit lässt schon darauf schließen, dass die Freude über die möglicherweise künstlerisch wertvolle Verteilung des Papiers in den Augen des „Genitore" doch sehr begrenzt war. Oder, wie ein Lebensberater es ausdrücken würde: Die erste Stress-Stufe ist bereits am Morgen erreicht, man muss gar nicht warten, bis man in die Arbeit kommt. Und weil in diesem seinem Ärger dem Manne auch gleich noch andere Unordentlichkeiten im Haushalt in den Sinn kommen, ist es nur eine Frage der Zeit, bis sich der schon im Steigen begriffene Unmut entlädt, und das sprichwörtliche Fass zum Überlaufen bringt.

Da liegen doch auch dauernd in seinem Zimmer die unterschiedlichsten Gegenstände am Boden herum: eine Sonnenbrille, eine leere Bierflasche, zwei leere Plastikflaschen, ein noch nicht ganz leeres Sackerl (hochdeutsch: Tüte) Chips. Und in der Küche stehen noch die Teller vom Vortag herum!

Die hätte man wenigstens in den Geschirrspüler geben können. Und den Aschenbecher hätte Fritz eigentlich auch ausleeren können, oder?

Fritz erscheint in der Küche, noch schlaftrunken. Er schlurft zur Kaffeemaschine, schaltet diese ein, gibt eine Kapsel in die dafür vorgesehen Halterung, schnappt sich eine Tasse, stellt diese an den vorgesehenen Platz und lässt den Kaffee herunter.

So weit, so gut! Aber dann ist es aus mit dem idyllischen Familienleben! Ich sage ihm meine Meinung. Und damit das klar ist: Ich bin gründlich, beziehe mich nicht nur auf die losen Blätter auf der Couch, nein beziehe auch den „Saustall" in seinem Zimmer mit ein. Wortlaut, in etwa: „Und nicht einmal hinsetzen kann man sich mehr auf das Sofa! Überall liegen deine Blätter herum! Und wie es in deinem Zimmer aussieht! Als ob eine Bombe eingeschlagen hätte! (oops, hatte das nicht auch mein Vater seinerzeit, zu meiner Zeit, zu mir gesagt?) Man kann nicht einmal in das Zimmer hineingehen, ohne dass man über irgendetwas stolpert! Jetzt räum gefälligst mal auf!"

Und nun, mein geneigter Leser/meine geneigte Leserin, kommt die Pointe der Geschichte!

Fritz gibt die verblüffendste und durchaus lustigste Antwort, die man, ja auch frau, sich vorstellen kann. Nein, er ist nicht zornig, ein wenig verärgert schon, aber die Frechheit, die die Antwort enthält, wird durch den darin enthaltenen Witz so stark abgemildert, dass der überraschte Vater gar nicht böse reagieren kann. Im Innersten muss er sogar lachen.

Ich zitiere. "Nörgeln tun nur die Weiber! Und außerdem: In mein Zimmer kommst du ohnehin fast nie. Also, wofür regst du dich auf?"

Cool finde ich diese Replik, auch heute noch. In früherer Zeit hätte der Filius vermutlich für eine derartige Antwort „eine kassiert". Er hätte dafür vermutlich die fälschlich so bezeichnete „gesunde Watschn" erhalten. Apropos gesunde Watschen: Soo gesund kann sie nun auch wieder nicht sein, denn ansonsten hätte schon irgendein Arzt, oder wenigstens ein Gesundheitsapostel, diese Vorgehensweise verschrieben/empfohlen. Der einzige Grund, warum diese Art der Gewalt „gesund" sein könnte, ist doch wohl, dass die Durchblutung, wenigstens im Wangenbereich und um das Gehörorgan herum, angeregt wird….

Und um meinem Sohn auch noch die Ehre zuteilwerden zu lassen, die ihm wahrhaftig gebührt, berichte ich weiter.

Am Abend desselben Tages komme ich von der Arbeit nach Hause. Und was sagt Fritz zu mir: "Du hattest Recht mit deinen Vorwürfen! Ich werde versuchen, mich wenigstens ein wenig zu bessern. Sorry!" WOW, würde ich meinen. Das nenne ich Größe. Wie heißt es doch: Der Apfel fällt nicht weit vom Stamm! Mit der Maßgabe, dass ich angehalten wurde, mich i m m e r beim Herrn Papa zu entschuldigen, egal ob ich im Recht war oder nicht!

Um Eifersüchteleien in meiner Familie hintanzuhalten (immerhin besteht ja die theoretische Chance, dass beide Knaben meine Story zu Gesicht bekommen!), ist es zwingend erforderlich, auch noch den zweiten Sohn in dieser Anekdote vorkommen zu lassen.

Er heißt natürlich nicht Fritz, schon alleine deshalb nicht, weil wir Eltern es dann besonders schwer gehabt hätten, die beiden zu rufen, zu strafen (ja, auch das muss sein, wenn auch nicht unbedingt körperlich!) oder zu loben. Wie sehr geht uns in unserer heutigen Gesellschaft diese Anerkennung ab!

Wenn wir Fehler machen, werden wir umgehend gemaßregelt, wenn wir eine uns übertragene Aufgabe gut, ja sogar ausgezeichnet erledigen, bekommen wir nur in den seltensten Fällen Lob.

Ein ehemaliger Boss meinte einmal ironisch, als ich die Ausführung eines erhaltenen Auftrags meldete: "Der Dank bleibt aus! Wenn du etwas falsch machst, bemerkst du es ohnehin umgehend, denn dann wirst du kritisiert, im schlimmsten Fall gekündigt!"

Auch wenn der Vorname meines Jüngsten für die Geschichte, die ich zu erzählen habe, vollkommen irrelevant ist, bin ich ausnahmsweise bereit, ihn dem Leser/der Leserin zu verraten. Sein Name ist schlicht und ergreifend Jakobus. Der Vollständigkeit halber möchte ich noch darauf hinweisen, dass ich die Namen beider Kinder verändert habe. Obwohl, wirklich Schlechtes berichte ich über den Nachwuchs nicht, im Gegenteil, ich finde, er kommt ganz gut weg!

Doch weiter im Text.

Idealerweise kann ich diese Begebenheit stark kürzen, jedenfalls was die Einleitung betrifft, da der Anlass für den wiedergegebenen Dialog der gleiche ist

- auf einen Nenner gebracht: Erziehung - wenngleich das von mir angeprangerte Fehlverhalten des Sohnes Nummer zwei (diese Art der Bezeichnung ist mir lediglich in einem alten Charlie Chan-Krimi zu Ohren gekommen, wobei die Nummerierung der Kinder durch den Meisterdetektiv insofern gerechtfertigt erschienen war, als er, wie damals in China offenbar Brauch, zumindest sechs Söhne hatte!) doch in eine andere Richtung geht. Im ersten Fall ging es schlicht um Schlamperei, einer unter männlichen Nachkommen, dem Vernehmen nach, besonders weit verbreiteten Unart.

Es soll sogar Ehemänner geben, die noch nicht gelernt haben, ihre Sachen ordnungsgemäß zu verstauen....

Jakobus hingegen hatte sich der auch bestens bekannten „Philosophie" des „Du kannst mich mal", oder auch: „Ich mache, was ich will", oder aber: „Ins eine Ohr rein, aus dem anderen wieder ´raus" verschrieben! Ich muss das zuletzt Angeführte nicht näher ausführen. Der folgende Dialog ist, wie das so wunderbar auf „Neudeutsch" heißt, „self-explanatory".

Vorgeschichte: Der Eleve besucht noch die Schule, wohnt zu Hause, und hat daher, nach unserem „Kodex", das Recht, vom Vater ein Jausenbrot (für deutsche Leserinnen und Leser: Eine Stulle) gestrichen zu bekommen.

Mit seinen 16 Jahren ist er ja doch nicht ganz berechenbar, und es könnte ja vorkommen, dass er sich mit der Brotschneidemaschine einzelne Finger abschneidet, oder das Brot nicht mit genügend Aufstrich bestreicht, und daher beim Verzehr in der Schule erstickt. Sie verzeihen diese zynischen Worte eines Vaters, der der Auffassung ist, dass der Junior sein Brot auch schon selbst zubereiten könnte. Nun ja, die Chefin, meine heißgeliebte Frau (und das meine ich ernst!), ist da anderer Meinung: Ein wenig verwöhnen schadet nicht, und in wenigen Jahren ist der junge Mann dahin und lebt sein eigenes Leben. Und mal ehrlich: Also die zwei Minuten seines Lebens (wohlgemerkt pro Tag!) kann der Herr Papa leicht erübrigen…Eine Argumentationslinie, die mich, nolens volens, (inzwischen!) überzeugt hat.

Der über das unkooperative Verhalten seines Sohnes sehr verärgerte Vater, rastet eines Morgens im Juni (also gegen Schulschluss, bereits ziemlich ermattet vom vielen Brote-Streichen während das Jahres) aus, und legt dem Filius, statt des üblichen in Alufolie gewickelten Snacks, einen Zettel hin.

Darauf stand geschrieben:

„Du bist auch nicht bereit, den Aschenbecher auszuleeren, die Tür der Gartenhütte zu schließen, die Zahnpastatube zuzuschrauben und eine Klopapierrolle, wenn sie aufgebraucht ist, auszutauschen. Heute habe ich auch keine Lust, dir ein Jausenbrot zu machen. LG Paps"

Am Abend dieses Tages kommt es zu einer Begegnung zwischen Vater und Sohn. Was sagt der durchaus gewitzte Jakobus zu seinem Vater? „Also ehrlich, das mit der Gartentür fand ich doch übertrieben!"

1,2,3, (…), 5,6,7, (…)! Die nicht durch Alkohol verursachte Zählweise des Salsa

Ich will einmal versuchen, einfach ein wenig Werbung für den Tanzsport im Allgemeinen oder den Salsa im Speziellen zu machen. Es werden, zu gegebener Zeit, noch Anekdoten aus meinem persönlichen Erfahrungsschatz folgen, um den Männern die Angst vor und die Abneigung gegen diese Art der gemeinsamen Bewegungsabläufe zu nehmen!

Ich beginne über einen in der Zwischenzeit zum Hobby gewordenen Sport zu schreiben! Vieler Jahre des Zweifels, des Ärgers, der immer wieder neu gemachten Anfänge bedurfte es, bis diese Sportart zum Hobby geworden war. Ich denke, ich habe in meinem Leben inzwischen ungefähr 18 Tanzkurse besucht. Ein naiver Charakter könnte gar annehmen, wir, i.e. meine Frau und ich, wären daher schon Weltmeister. Leider war es kein permanenter Aufstieg, also es hat nicht jeder Kurs auf dem anderen aufgebaut, sodass der 18. Kurs bereits weit über WM-Niveau einzustufen sein müsste, sondern von den 18 Kursen waren mindestens zehn immer wieder dem üblichen Tanzschulniveau, also something between Silber und Goldstar, „geweiht". Die Message an Sie, werte Leser und –innen (ich gebe zu, ich hasse „gendern"!): Immer wieder neu anzufangen, ist besser, als einmal gänzlich aufgeben! Ich rede jetzt großspurig daher, aber auch wir müssen wieder anfangen, wir haben jetzt beinahe 18 Monate pausiert! Nein, nicht schon wieder!

Wenn es uns gelänge, an einem 18. April wieder einen Tanzkurs zu besuchen oder auch eine Privatstunde zu nehmen, dann hätte ich beinahe schon den Eindruck, dass die magische Zahl 18 eine Bedeutung haben könnte in meinem Leben....

Diejenigen unter Ihnen, die die teils sehr technischen Beschreibungen gar nicht mögen, können sich auf das Lesen der Absätze 1,2,4,5,6, 8, 11 und die beiden letzten beschränken!

In den letzten Jahren setzte sich auch in unseren Breiten die „karibische Kultur" durch, insbesondere was die rhythmischen Bewegungsabläufe von Paaren zur beschwingt machenden Musik des Salsa betrifft. Ja, viele haben mitunter genug vom STANDARD und seinen strengen Abläufen (gemeint ist nicht die österreichische Tageszeitung, sondern vielmehr eine Gruppe von Tänzen, bestehend aus Tänzen wie Quickstep, Wiener Walzer etc.). Wir leben in einer (relativ) liberalen Welt. Vorschriften werden immer unbeliebter: Und die Dame ist genau s o o zu halten, gewisse Schritte müssen erhoben, andere auf der Ferse getanzt werden. Wenn der rechte Oberarm nach vier Tänzen nicht ordentlich schmerzt, war die Tanzhaltung unvollkommen! Zucht und Ordnung müssen herrschen, na klar! Auch auf dem Tanzparkett!

Aber muss Tanzen denn wehtun?

Ganz und gar nicht! Es darf auch Abwechslung geben, es muss auch Zeit sein für Feeling, für Lebensfreude, für die Leichtigkeit des Seins.

Und damit bin ich beim Thema. Lassen wir uns doch verzaubern vom coolen, nicht so strikten Salsa. Salsa, die Sauce, in die verschiedenste Zutaten hineingegeben werden.

Drei verschiedene Tanzhaltungen sind „erlaubt" (wo gibt's denn so etwas noch?): Wer möchte und noch ein wenig indoktriniert von den Standard-Tänzen ist, darf auch die gewohnte geschlossene Tanzhaltung einnehmen.

Üblicher und auch wesentlich legerer ist die Doppelhandhaltung, verbunden mit einem lässigen Kreisen-Lassen der Hände. Auch der ein wenig Verspielte kommt mithin auf seine Rechnung. Selbst nach stundenlangem Tanzen sind im rechten Oberarm keine Schmerzen zu spüren! Ja, und sogar eine Kreuzhandhaltung habe ich gesehen. Na also, jeder, wie er mag! Beim Salsa muss die Freiheit doch grenzenlos sein…

Es ist höchste Zeit, die doch etwas seltsam anmutende Headline zu entschlüsseln. Nicht der übermäßige Konsum von (braunem, sieben Jahre altem) Rum verursacht eine derartige, von Mathematik-Professoren wohl gar nicht goutierte, Zählweise, nein, es ist der (zugegeben versteckte) Hinweis auf den Rhythmus des Tanzes. Zwei raschen Schritten (mit dem linken Fuß beginnend, Gewicht auf den rechten Fuß übertragend) folgt der dritte. Nun ja – jetzt können die so flott begonnen Habenden endlich relaxen!

Auf dem dritten Schritt ist ein Innehalten gefordert (zwei „Schläge" dauert dieser).

Und genau das Gleiche gilt für den dritten Schritt in die andere Richtung. Zeit lassen ist die Devise! Wenigstens kurzfristig! Man zählt also den vierten und achten Schlag nicht.

Was noch fehlt, ist: Wohin soll SIE sich wenden? Also wohin tanzen wir denn?

Tja, wie das bei diesem Sport so üblich ist: Dorthin, wohin der Herr (und Gebieter) es wünscht. Denn, wie bekannt, hat die Emanzipation der Frau auch beim Salsa nicht Einzug gehalten. Der Herr führt! Klingt ja nach finsterstem Mittelalter! Klingt auch nach Macht und dem oft damit einhergehenden Missbrauch derselben, hat aber primär mit Verantwortung zu tun. Anders formuliert: Wenn es schief geht, ist im Zweifel der Herr schuld!

Auch beim Grundschritt ist Freiheit oberstes Gebot.

Man unterscheidet den „Basic Step" und den „Back Basic" (diesen Step will ich in der weiteren Beschreibung mit BB abkürzen; und weil ich es will und darf, werde ich es auch tun!). Der Erstere führt nach vorne und hinten (es geht also in der Tanzrichtung vorwärts und zurück), Letzterer wird seitlich ausgeführt (für Insider: Quasi das, was beim Samba die „Wischer/Whisks" sind!).

Tatsache ist und bleibt, dass der Herr beim „Basic" das linke „Fusserl" vor sich absetzt, dann sein Gewicht auf das rechte Fortbewegungsinstrument überträgt, und sodann die Füße schließt.

Und dieses Schließen dauert, wie oben ausgeführt, eben zwei Schläge lang! Die lang verdiente Pause!

Und was man denn unter BB versteht, möchte ich auch noch kurz erläutern. Sie, die aufmerksamen Leserinnen und Leser, haben es längst herausgefunden, aber ich schreib's halt auf, der Vollständigkeit halber:

Man platziert den linken Fuß seitlich hinter den rechten.

Ich entschuldige mich jetzt ein für alle Mal bei den geschätzten Ladies, die ja Gott sei Dank auch die Parkette dieser Erde zieren: Meine Ausführungen sind fast ausschließlich aus männlicher Sicht zu betrachten. Ich bin dennoch kein Macho, aber eben auch kein Tanzlehrer! Es ist also nicht Intoleranz gegenüber dem geschätzten weiblichen Geschlecht, sondern schlicht und ergreifend Unvermögen, das mich dazu treibt, derart einseitig zu (be)schreiben....

Nun folgt ein Begriff aus der Psychotherapie: Übertragung! Allerdings geht es nicht darum, seine Wut über die eigene Inkompetenz auf den Partner zu übertragen, sondern lediglich um eine Gewichtsverlagerung. Auch beim BB muss der rechte Fuß belastet werden, beim zweiten Schritt wird auf ihn das volle Gewicht gelegt (ich selbst bedaure meinen Fuß manchmal, da er schier Tonnen aushalten muss...). Wie nicht schwer zu erraten war, folgt das zwei Schläge dauernde Schließen. Und anschließend in die andere Richtung (rechter Fuß hinter den linken, übertragen, schließen).

Die Grundschritte sind erklärt. Ein Anfang ist gemacht!

Mein flammendes Plädoyer für den Salsa habe ich gehalten!

Meine Damen und Herren: Versuchen Sie es einmal! Genießen Sie das Gefühl der Freiheit und der Lebensfreude.

Und wen die Musik allein noch nicht aufrüttelt, sich zu bewegen, der kann ja (manche Männer mögen sich auch „besser", sprich sicherer, fühlen!) auch vorweg einen Mojito trinken. PROST!

Perfektion ist nicht alles, das Vergnügen MUSS jedenfalls überwiegen – oder: Tanz als Mittel zur Versöhnung

Wie Sie schon vermutet haben, geht es noch einmal um Tanzen. „Was, schon wieder? Jetzt hat uns der Gute doch gerade mit seinen Salsa-Ausführungen gelangweilt…", werden manche unliebsamen Leser/innen meinen. Die große Mehrheit wird, wie ich doch als mehr oder weniger selbstbewusster Autor hoffen darf, frohlocken, und voll freudiger Erwartung den neuen Text in Angriff nehmen.

Beruhigungspille, für alle, die befürchten, mit allzu viel Technik konfrontiert zu werden: Nein, für heute habe ich nicht geplant (aber wer weiß schon, was einem die „Feder" diktiert?), auf Tanzschritte besonderes Augenmerk zu legen. Es folgt vielmehr eine Anekdote, die im guten alten Istrien spielt und deren Bekanntmachung dazu dienen soll, schlimmste Entgleisungen, und damit einhergehend, unnötiges menschliches Leid zu verhindern. Primäres Anliegen ist es, einerseits Handgreiflichkeiten gar nicht aufkommen zu lassen, schon gar nicht auf dem Parkett, andererseits den eher depressiveren Charakter vor einer (durchaus vermeidbaren?!) Alkoholvergiftung zu bewahren.

Teil I: Die Vorgeschichte

Ein befreundetes Ehepaar in den besten Jahren (also beide noch unter 80, aber bereits weit über 25?!) besucht eifrig Tanzkurse. Man hat inzwischen Goldstar-Niveau erreicht. Die beiden sind sogar ein wenig mit dem „very British" vorzutragenden Slow-Fox vertraut gemacht worden. Aber Vorsicht! All diese Tatsachen garantieren keineswegs, dass immer und überall alle Tanzschritte perfekt gelingen. Auch Tänzer, man möchte es ja kaum für möglich halten, sind nur Menschen. Und daher sind sie auch fehleranfällig.

Er, ein kleiner Streber (jedenfalls in dieser Hinsicht), jahrelang dem Tanzsport sehr ambivalent gegenüber gestanden und eine Hass-Liebe zu ihm entwickelt habend (die Fahrt einer Achterbahn würde in etwa seine immer wieder unterschiedlich gewesene Gefühlslage treffend beschreiben), will doch auf dem einzigen „großen" Ball, den die beiden besuchen, triumphieren. Anmerkung: Es war lediglich der lokale Pfarrball! Er will doch zeigen, dass er ein (goldiger) Star ist! Daher: üben, üben, und nochmals üben. Perfektion ist gefragt! ALLE TANZSCHRITTE ALLER LATEIN-TÄNZE, SOWIE ALLE TANZSCHRITTE ALLER STANDARD-TÄNZE müssen glanzvoll präsentiert werden!

Es sind doch auch Freunde da: Die Augen sollen ihnen übergehen. Idealerweise sollte es Standing Ovations geben. Man würde wohl bei „Dancing Stars" (Anmerkung: Sendung im ORF, und zwar „once a year") eine Sensation liefern können, aber der ORF ist selbst schuld, wenn er nicht anfragt.

Teil II: Die Tragödie

Hektische Nervosität prägt die letzten Stunden vor dem Ball. Baden ist angesagt, Schönheitspflege, alle Löckchen müssen optimal frisiert werden, dem Schminken ist jedenfalls genug Zeit einzuräumen. Das Badezimmer ist auf Stunden ausgebucht. Und in das neue Ballkleid muss frau sich hineinzwängen. Sitzt das Kleid auch gut? Um Himmels Willen, eine Laufmasche! Die Supertänzer laufen Gefahr, zu spät zu kommen. Oder gar nicht zu dem geliebten Ball zu kommen, da sie vorher der Herzinfarkt getroffen hat. Fazit: Alles ging sich dann doch noch aus.

Die Eröffnung der Tanzveranstaltung konnten die beiden genießen. Man nähert sich der vermeintlichen Stätte des Triumphs. Nach einigen sehr erfolgreichen Darbietungen unserer Helden spielt die Band endlich einen Tango. Na, und der, bitte, der ist doch wohl kein Problem Den beherrschen die beiden doch seit Jahren! Er ist der erklärte Lieblingstanz der beiden Protagonisten. Das „Zackige", kombiniert mit dem Weichen, Verschliffenen, dazu eine gehörige Portion Erotik (immerhin sind die Tänzer, wenn sie die Grundhaltung einnehmen, und zwar so, wie sie sein sollte, mehr oder weniger ineinander verschlungen!), was kann einem das Leben Schöneres bieten?

Und wer dann noch den Film „Scent of a Woman" gesehen hat, der weiß, wovon ich rede. Der blinde Colonel, der des Lebens überdrüssig ist, gespielt von Al Pacino, lässt sich von seinem jungen Assistenten die Koordinaten des

Raumes bekanntgeben, bevor er eine junge und sehr attraktive Dame, die an seinem Tisch sitzt, zu diesem großartigen Tanz auffordert. In Kürze: Ein Pflichtfilm! Kult! Auch Ferrari-Liebhaber kommen auf ihre Rechnung (man sollte es nicht glauben, aber Blinde können, zumindest in Hollywood, auch Auto fahren!). Weitere Ingredienzien sind dann noch der sprichwörtliche „Tiefgang" (ja, auch solche Filme gab es noch am Ende des ausgehenden 20. Jahrhunderts!), und „last, but not least", ein Happy End. Mehr verrate ich nicht!

Die johlende Menge, die enthusiasmiert die kostbaren Tische bespringt und in euphorische Bravo-Rufe ausbricht, vor Augen, nähert man sich dem Parkett.

Die Anfänge werden souverän gemeistert. Und dann? Er versucht die Figur „Wiege/Kehre".

Dunkel meint er sich zu erinnern, dass er doch sein Tanzsportgerät (pardon: Die gnädige Frau) nach dem zweiten Schritt mit seiner Rechten zu drehen habe. Sie müsste dann direkt neben ihm stehen.

Das Manöver misslingt! Er startet mindestens drei weitere Versuche. Wieder nichts! Ihre (Esels)geduld ist am Ende. Sie zischelt: „Was machst du da?" Er, noch ein wenig verunsichert, repliziert: „Na die Wiege plus Kehre!"

Sie: „So geht das nicht!" Er versucht sein Bestes. Ihr Kommentar (nach abermaligem Scheitern!): „Du bist vollkommen verwirrt!"

Jetzt ist „Superman" in seiner Ehre gekränkt!

Das geht wohl doch zu weit! Replik (in etwas lauterem Tonfall): „Selbst verwirrt! Die Figur habe ich korrekt angesetzt, du reagierst einfach falsch darauf!"

Nach dem Austausch von wenig Schmeichelhaftem verlässt man konsterniert die Tanzfläche. Er, zutiefst beleidigt, hat nur mehr die Bar vor Augen. Der Abend ist gelaufen.

Er nicht mehr, er war heilfroh, noch bis nach Hause zu gelangen! Wer sagt denn da immer noch, tanzen mache Spaß?

Teil III: Die Versöhnung

Am nächsten Tag werden die Vorfälle analysiert. Man vergibt einander. Es kann doch nicht angehen, dass eine Ehe an der „Wiege" zerbricht! Und nicht einmal an der eines Kindes! Einfach lächerlich! Welch´ böse Dämonen haben uns denn da geritten? Die gescheiterten Helden beginnen zu reflektieren!

Beide trifft die Erkenntnis: Tanzen ist ein gemeinsames Hobby. Es ist doch kein Ersatz für ein Schlachtfeld! Und: Es ging weder um Geld, noch ums Leben! Und weiter: Bei dem Andrang auf der Fläche: Hätte da überhaupt irgendein Freund Gelegenheit gehabt, die erlesenen Tänzer zu bewundern? Wohl kaum!

Aus heutiger Sicht kann ich ergänzen, dass es sehr wohl ein bisschen Anerkennung gegeben hat für die beiden, allerdings erst ein paar Jahre später, bei einem anderen

Pfarrball (meine „Helden" hatten sich in der Zwischenzeit bei einer renommierten Tanzschule weitergebildet).

Es bedurfte schweißtreibender Abende, die nicht immer glimpflich verliefen, einerseits deswegen, weil sie von dem Geforderten meist überfordert waren, andererseits, weil die Launen der Tanzenden nicht immer soo gut waren, dass sie vollkommen harmonierten.

Er, ein Mann, der seit Jahren unter „Tanz-Alzheimer" leidet - zur Freude aller Tanzschulen, die den Vergesslichen je zu Gesicht bekommen haben, und das waren schon einige! - und daher gezwungen ist, alle Schritte genauestens zu dokumentieren (unzählige „Word"-Dokumente wurden mit Tanzschritten, Führungsarbeit und Ähnlichem beschmiert), ist daher leicht eingeschnappt, wenn er kritisiert wird, weil er eine neue Schritt-Kombination (entweder schon in der letzten Stunde oder eben am selben Abend unterrichtet bekommen) nicht sofort kapiert, sich, um es Wienerisch auszudrücken, „patschert" anstellt.

Sie, immer bestrebt, mindestens 150 % zu erreichen, und zwar bei Allem, was sie unternimmt, ist mitunter ungeduldig, und tendiert dazu, de temps en temp, zu pfauchen.

Nun, ein Kompromiss konnte letzten Endes immer gefunden werden, die beiden „Traumtänzer" sind immerhin noch glücklich verheiratet! Und das seit über 25 Jahren! „Congratulations" von mir an dieser Stelle!

Zurück zur Versöhnung, nach dem misslungenen Auftritt beim Ball.

Also wozu die ganze Aufregung? Eitel sei der Mensch, von sich überzeugt und überheblich....In meiner Kindheit hatte es noch geheißen: Edel sei der Mensch, hilfreich und gut! So ändern sich die Zeiten!

Teil IV: Die Moralen (bitte wie lautet die Mehrzahl von Moral?)

Unser Ehepaar hat etwas gelernt, und das nicht nur auf dem Parkett! Die nun folgende Aufzählung ist eine willkürliche, es kann nicht abgeleitet werden, dass „wichtigere" Erfahrungen weiter oben in der Aufzählung anzutreffen sind.

- Tanzen soll Vergnügen bereiten. Der graue Alltag muss auf (hier einmal: sinnvolle) Art durchkreuzt werden!

- Man dreht sich im Takt, bringt den Kreislauf in Schwung. Herz und Hirn - und ein wenig auch die Beine - werden voll eingesetzt! Für die Gesundheitsapostel unter der Leserschaft: Sehr zu empfehlen. Schweiß strömt in rauen Mengen, jedenfalls bei den Menschen, die schwitzen, aber auch bei denen, die erst nach längerer Zeit zu transpirieren beginnen. Die Letztgenannten müssen eben lange genug ausharren am Parkett....

- Ad Gehirntätigkeit: Ja, man muss sich auch was merken. Ja, man muss sich auch konzentrieren. Das Lösen von Sudokus alleine, auch nicht zusammen mit Schach spielen, garantiert nicht, dass die grauen Zellen stets „frisch und munter" bleiben!

- ➢ Sozialer Aspekt 1: Und sollte das Hirn einmal aussetzen (ich konzediere, dass tatsächlich der ungewöhnliche Fall eintreten kann, dass eine Figur nicht mehr erinnerlich ist ;-)), was sich naturgemäß auf die Beine überträgt, dann ist hoffentlich entweder ein Freund oder ein Tanzlehrer zur Stelle, der weiterhelfen kann.

- ➢ Noch ein sozialer Aspekt (Nr. 2, wenn ich nicht irre): Leute treffen oder mit Freunden auf eine Tanzveranstaltung gehen.

- ➢ Negativer (in diesem Zusammenhang durchaus gesunder) sozialer Aspekt 3: Was gehen mich die Anderen an?

- ➢ Das Wichtigste zum Schluss (sozialer Aspekt Nr. 4): Der misslungene Tanz als Mittel zur Versöhnung.

- ➢ Übertriebener Ehrgeiz ist nun einmal ungesund.

- ➢ Und ein bisserl auch: Hochmut („Wir sind nun mal die Besten!") kommt vor dem Fall.

La vie sans cellulaire oder Kann man heute ohne Handy noch (über)leben?

Karl und Andreas treffen sich eines Abends in Ihrem Lieblings-Kaffeehaus. Sie sind seit Jahren gute Freunde, erzählen sich auch, was sie fühlen und denken, was sie erlebt haben. So auch heute.

Karl: „Ich habe gestern deine Ausführungen gelesen. Hat mir wirklich gefallen. Habe mich königlich amüsiert. Das muss ja fürchterlich gewesen sein, als du verzweifelt versucht hattest, diese Figur beim Tango zu tanzen, und sie nicht und nicht zustande gebracht hast! Aber immerhin gab es ein Happy End! Und fürs Leben hast du auch was dazu gelernt! Und wenn es nur ist, endlich zu sich zu stehen, und sich zu denken: Was gehen mich die Anderen an? Immer diese Angst, es irgendwem nicht Recht zu machen. Entsetzlich! Nie wird es allen gefallen, was du sagst, was du tust, auch was du nicht tust! Einmal meinte meine Nichte - es ging um Fehler beim Autofahren -: „Weißt du, wenn mir der Motor abstirbt, ist mir das ziemlich egal! Früher war es mir peinlich, ich wusste, die hinter mir fahrenden Autofahrer hassten mich. Oder jedenfalls ging ich davon aus! Heute denke ich mir: Es ist mir egal, denn diesen einen Autofahrer hinter mir sehe ich nie mehr wieder!" Natürlich könnte jetzt ein lustiger Geselle kontern, und fragen: Und wie steht die Sache, wenn hinter dir zufällig Onkel Franz steht?

Aber das ist ja in diesem Kontext nicht von Bedeutung. Im Gegenteil: Selbst wenn es ein Freund oder guter Bekannter ist, der das Missgeschick mitbekommt, sollte das an deiner Einstellung gar nichts ändern! Menschen machen Fehler. „So what?"

Jetzt muss ich dir eine Geschichte erzählen. Sie ist, ich schwöre es, nicht erfunden. Wie du weißt, schreibt die besten Geschichten immer noch das Leben. Kafka hätte sich wahnsinnig gefreut über diese Story, Kishon vermutlich auch…

Ein befreundetes Ehepaar von uns hatte mit uns ausgemacht, gemeinsam ins Kino zu gehen. Es ist endlich Freitag, wir sind voll der Vorfreude.

Vorweg muss ich noch einen wichtigen Einschub machen. Obwohl ich ein Mensch des 21. Jahrhunderts bin, und sogar ein Dienst-Handy habe, bin ich nach wie vor kein Fan dieses Geräts.

Ich finde es absolut blöd, aber andererseits auch wieder bezeichnend für das Verhalten der Menschheit, dass man, ja und besonders auch frau, nun unbedingt rund um die Uhr erreichbar sein will/muss, und es ganz entscheidend ist, die Mitmenschen mit all seinen Gedanken, Banalitäten und sonstigen Unerträglichkeiten möglichst den schönen langen Tag zu langweilen.

„Hallo Schatz, ich sitze gerade in der Straßenbahn. Ich bin in zwanzig Minuten im Büro. Am Abend werde ich etwas später kommen. Was kochst du denn heute? Ruf mich bitte um 10h an." Toller Dialog. Und mehr oder weniger unentbehrlich, oder? Was wäre denn passiert, wenn dieses Telefonat nicht stattgefunden hätte? Hätte der arme Mann denn verhungern müssen, wenn er seine Frau nicht indirekt darauf hingewiesen hätte, dass sie doch etwas zu kochen habe? Ist denn die Frau oder Freundin, nachdem sie dieses Telefonat geführt hat, wesentlich glücklicher als vorher? Sind die anderen Fahrgäste dankbar, dass sie diesem sinnlosen Informationsaustausch beiwohnen durften und auf diese Art eventuell ein wenig von dem langweiligen Buch, das sie gerade gelesen hatten, abgelenkt wurden? Ich sage es ganz offen: Ich bezweifle es sehr!

Teil I: Ablauf der Ereignisse

Wir - unsere Freunde, meine Frau und ich - sollten uns um 20h in der Stadt treffen. Der von uns erwählte Film würde um 20.45h beginnen.

Ich musste vorher noch eine Partie Snooker spielen. Hatte ich zugesagt, und wusste daher, dass mein Freitagabend mehr als erfüllt sein würde. Ob er letzten Endes auch (mein Herz) erfüllend sein würde, konnte ich erst ex post beurteilen.

Beim Snooker hatte ich erfreulicherweise 2:0 gewonnen. Das war eine echte Premiere. Der Wermutstropfen: Der Sieg basierte nicht (ausschließlich) auf meinem genialen Spiel, selbstverständlich schon in einem gewissen Ausmaß, aber andere Faktoren waren auch entscheidend, nämlich außer der schlechten Form des Gegners auch das nötige Quäntchen Glück!

Ich fahre nach Hause, komme dort um 19.25h an. Routinemäßig drehe ich mein Handy auf. Nein, stimmt nicht! Annemarie, meine Frau, informierte mich zu allererst darüber, dass sie sich nicht wohl fühle, eine Kolik in meiner Abwesenheit gehabt habe, und keinesfalls mitgehen könne. Ansonsten hätte ich dieses mir lästige „Teufelsgerät" doch nicht aufgedreht!

Und um dem befreundeten Ehepaar die geänderte Situation zur Kenntnis zu bringen, war ich gezwungen, mein geliebtes Nokia in Gang zu bringen. Und welch großes Erstaunen erfasste mich, als ich entdecken musste, dass mir, in den wenigen Minuten seitdem ich das Haus verlassen hatte, vier SMSs übermittelt worden waren. Soo einen großen Fanklub hatte ich doch gar nicht! Außerdem ist den wahren Fans bekannt, dass ich am Weekend jedenfalls nicht gestört werden wollte! Und: 95% der Telefonate gehen bei der mir Angetrauten ein. Wie sich sehr bald herausstellen sollte, war der Fanklub tatsächlich nicht angewachsen.

Es war Randolph, mein Freund, der verzweifelt versucht hatte, mich zu erreichen, um mich über die Änderung unseres Vorhabens den heutigen Abend betreffend, kontaktieren wollte. Nicht einmal zwei Stunden „snookern" kann man gehen….Das daraufhin folgende Telefonat hatte folgende, für den weiteren Verlauf des Abends doch sehr entscheidende, Informationen gebracht: erstens würde der von uns ins Auge gefasste Film nicht gespielt werden, da es technische Probleme im Kino gäbe, und ergo, zweitens würden wir uns nun einen anderen Film ansehen, der bereits um 20.15h beginnen würde. Ich wurde also aufgefordert, mich schnellstens in eine U-Bahn zu werfen (ja auch alleine, man freue sich darauf, mit mir einen Abend zu verbringen!). Wir würden uns nun direkt im Kino treffen!

Ein kurzer Blick auf die Uhr zeigte mir, dass ich nach Verstopfung meines Mundes mit einem Brot, verbunden mit einem bereits mehrfach eingeübten, daran anschließenden Hinunterwürgen der Nahrung, und unter der Prämisse, dass die U2 keine Störung haben würde, ziemlich genau zur vereinbarten Zeit dort sein würde.

Gesagt, getan! Die Wipplingerstraße ging ich, abgehärtet vom vor 32 Jahren abgeleisteten Militärdienst, strammen Schrittes hinauf. Geistig konnte ich auf diese Weise das Kapitel Abendsport abhaken!

Ich komme beim Kino an, Punkt 20.14h, quasi um eine Minute zu früh! Ein rascher Blick auf die in Schlange anstehenden Menschen an der Kassa, zeigt mir sofort, dass Randolph und Caladriel (fancyful, isn´t it?) nicht anwesend waren. Ich suche das Lokal im Innenhof ab, niemand da!

Ich frage sicherheitshalber bei der Kassa, ob vielleicht eine Karte auf meinen Namen hinterlegt worden ist. NIENTE!

Ich gehe zu den Billeteuren. Die lassen mich sogar im Saal vier, in den, lt. deren Angaben, nur ein Pärchen gegangen war, Nachschau halten (tolle Sache, immerhin hatte ich keine Eintrittskarte!). „Mission impossible"! Ich gehe öfter mal aus dem Kino, vielleicht kommen meine Freunde ja gerade des Weges. Fehlanzeige!

Inzwischen ist es 20.27h. In meiner Verzweiflung frage ich bei der Kassa nach, ob es einen anderen Film gibt, der auch um 20.15h beginne/begonnen habe. Ja, und zwar „LKFJMSÄLKFMÄK". Ich war so aufgeregt, ich hatte den Titel nicht verstanden! Vollkommen verzweifelt, allein gelassen, nicht ahnend was meinen Freunden inzwischen widerfahren war, kaufte ich die Karte! Dann sah ich mir einen Film an, der mich gar nicht interessierte, und zwar auf Englisch, das mich stets interessiert. Es ging um Menschenjagd und Hunger Games in einem totalitären Staat, mit einem Wort ziemlich abstruses Zeug. Laut einer Boulevardzeitung war der Film dabei, die Rekorde, die einst Harry-Potter-Filme aufgestellt hatten, einzustellen, oder gar zu übertreffen!

Du weißt natürlich schon wieder, um welchen Film es sich handelt. Ja, mit Brot hatte es auch zu tun (irgendwas mit „PANEM").

Um 22h überlege ich mir schließlich, dass es sinnvoll sein könnte, das Kino zu verlassen. Und zwar einfach deswegen, weil, wenn die Freunde tatsächlich im selben Kino waren (ich saß auf dem Balkon, sie vielleicht unten im Hauptsaal), ich schon in der Lobby auf sie warten konnte. Sollten sie den anderen Film, den Randolph am Telefon erwähnt hatte, gewählt haben, wäre dieser womöglich bereits zu Ende.

Um 22.10h setze ich meinen Plan in die Tat um. Vielleicht könnten wir uns vor dem Kino treffen! RAUS! Niemand da, lediglich ein paar Leute gehen ihres Weges. Wegen der sympathischen Kassiererin zog es mich unwillkürlich nochmals zur Kassa. „Entschuldigen Sie, ist der andere Film auch schon aus, der, der auch um 20.15h begonnen hatte?"

„Ja, soeben!" Die letzten von mir durchgeführten Recherchen verliefen erneut ergebnislos!

Ich trat, gutgelaunt, nein, überglücklich darüber, dass ich den Film nicht zu Ende ansehen musste, die Heimreise an.

Eine Kleinigkeit hatte ich zu erwähnen vergessen. Wenn man mir um 19.35h sagt, ich solle um 20.15h an einem bestimmten Ort sein, es also sicher ist, wann man sich wo trifft, nehme ich mein Handy nicht mit! Wozu auch?

Teil II: Auflösung des Mysteriums

Zu Hause angekommen, checke ich, diesmal aus einer nachvollziehbaren Motivation heraus, mein Handy. Vier neue SMS! Na das war vielleicht eine Riesen-Überraschung! Und alle waren sie von Randolph abgeschickt worden. DER Mann hatte einen Narren an mir gefressen! Verständlicherweise!

Das unmittelbar darauf geführte Gespräch brachte die Aufklärung: Das Ehepaar hatte umdisponiert! Eigentlich logisch, denn die Tarnkappe, die einen unsichtbar macht, gibt es nur bei Richard Wagner! Und blind bin ich ja nicht! Nun hatte sich alles in Wohlgefallen aufgelöst! Der Film, der ursprünglich nicht gezeigt werden konnte, hatte sich offenbar repariert, und so waren die Zuschauer in den Genuss gekommen, ihn in vollen Zügen genießen zu können!

Ach ja, und auch zur ursprünglich angesetzten Beginnzeit, nämlich um 20.45h! „Wundervoll" (also voll der Wunder) ist das Leben….

Und wenn ich mein Handy mitgehabt hätte, dann hätte ich entweder gelesen (Stichwort: Man muss ja nicht reden, SMS tun es ja auch!) oder, nach telefonischer Rückfrage, erfahren, dass sowohl das Programm, als auch die Beginnzeit (unilateral wohlgemerkt!!) geändert worden waren….Köstlich, oder?"

Andreas: „Hast du vielleicht ein Taschentuch bei der Hand? Ich muss beinahe weinen."

Was lernt Herr Grey von dieser G´schicht´: Nein, ohne Handy geht es heutzutage nicht!

Bore out, oder Will man „es" nur haben, damit man sich von jenen unterscheidet, die Burn out haben?

Karl: Heute ist wieder Donnerstag.

Andreas: Und ist das wichtig für dich?

Karl: Noch bin ich nicht sicher. Normalerweise liebe ich Donnerstage.

Andreas: Und warum, wenn ich fragen darf?

Karl: Nun, erstens, weil ich genau weiß, dass du sie nicht magst, denn da musst ja mit deiner Therese tanzen gehen, und zweitens, weil ich das Wochenende nahen sehe!

Andreas: Na das sind ja tolle Argumente. Eigentlich mag ich ja den Tanzabend, einfach auch deswegen, weil Therese ihn mag. Und was meinem „Baby" gefällt, macht auch mir Spaß! Ha, nun musst du einen anderen Tag zu deinem „favo(u)rite" küren (Frage an die Leser: Bevorzugen Sie amerikanisches oder britisches Englisch? Je nachdem können sie dann das (u) weglassen, oder eben nicht!).

Karl: Ja, du hast vollkommen Recht! Wo kämen wir denn hin, wenn „tout le monde" den gleichen Tag zum Auserkorenen erklärte! Wir wollen doch Individuen bleiben. Und nicht auch noch vorgeschrieben bekommen, welchen Tag wir besonders lieben müssen. Es reicht ja, dass sogar die Krümmung der Gurke schon reglementiert wurde.

Aber es fällt mir nicht schwer, umzudisponieren. Dann gebe ich dir nun feierlich bekannt, dass ich den Freitag fast so sehr liebe wie meine Frau. Und was ich ja am Lustigsten finde, ist, dass ich mein zweites Argument nicht ändern muss. Tja, entscheidungs-avers bin ich ja nun doch nicht!

Bei Büchner heißt es zwar: „Ein echter Mann muss saufen!" Ich hingegen bin anderer Meinung. Ein echter Mann muss fähig sein, Entscheidungen zu treffen! Saufen darf er, muss er aber nicht. Wenigstens nicht jeden Tag. Aber „vertragen" sollte er schon einiges. Dazu ist eine gewisse Übung vonnöten. Genug davon! Wie geht es denn im Job? Bist du zufrieden mit deiner Arbeit?

Andreas: Es ist ein so schreckliches Thema, das du da ansprichst! Du weißt, ich bin meist unzufrieden! Muss ja wohl so sein, bin ja ein typischer Wiener. Und auch bei Herrn Schnitzler, einem in Wien geborenen Arzt und Bühnen-Schriftsteller, gibt es bekanntlich immer sehr melancholische Charaktere! Ich tue es jetzt, aber nur, weil du mich dazu ermuntert hast.

Karl: Was denn?

Andreas: Nun, raunzen (Hochdeutsch für: jammern, klagen)! Neben dem allseits beliebten Gesellschaftsspiel „Leute ausrichten" folgt es in der Hitliste am zweiten Platz, sogar noch vor dem berüchtigten, über die Jahrtausende erfolgreichen „Beneide stets den Anderen, auch wenn du dazu keinen Grund haben solltest oder es ja auch besser machen hättest können".

Nein, ich mag schon nicht mehr hingehen, in die Arbeit. Ich habe schon in der Früh, wenn ich aufstehe, den ersten negativen Gedanken: Wie werde ich die acht Stunden „überleben"?

Ist sehr drastisch ausgedrückt, weiß ich schon, dennoch: Soo einen langen Zeitraum muss man erst einmal unbeschadet überstehen!

Ad Büro: Der Tisch ist sauber – nun ja, wir beschäftigen schließlich Reinigungspersonal – die Arbeit „non existing"! Man kommt sich ein wenig wie ein Bettler vor. Von Zeit zu Zeit werden einem Brosamen zugeworfen. Die geforderten Tätigkeiten sind meist binnen Minuten (vielleicht auch mal Stunden) erledigt. Viele Routinearbeiten. Eine kontinuierliche Beschäftigung, davon kann ich nur träumen!

Auf den Punkt gebracht: Ich leide unter dem erst seit einigen Jahren bekannten, hoffentlich bald anerkannten, „Bore Out"-Syndrom. Nichts für intelligente Menschen, wenn man täglich in entweder absolut langweiliger Routine oder gar am Nichtstun beinahe erstickt! Wenn du mich fragst, sind „Burn" und „Bore", also die beiden Zwillinge unter den „Outs", austauschbar. Ausgebrannt ist der Mensch in beiden Fällen! Depressiv und frustriert allemal. Und eben außer sich auch! Einmal ist er so gestresst, dass er schon zu zittern anfängt, wenn nur das Telefon läutet, und im anderen Fall ist er krass unterfordert. Wenn das „In der Nase bohren" sich nicht mit h schriebe, könnte man glauben, es sei vom Englischen „langweilig" abgeleitet.

Also wenn es einen Bonus für „Nose-Picking" gäbe, ja nun, ich meine das natürlich nicht wörtlich – also einen Stundenlohn für qualifiziertes Nichtstun – bald wäre ich Millionär. Du ahnst ja gar nicht, wie frustrierend es ist, am Tag ungefähr zwanzig Mal auf die Uhr zu blicken.

Und auch die Freiheit, im Web zu surfen oder sogar Spiele online spielen zu können, sie macht nicht glücklich. Viele glauben das. Aber ich weiß längst, dass es nur dann – hier meldet sich der Hobbyphilosoph zu Wort – Spaß macht, wenn es etwas Besonderes ist. Also wenn ich zwei Monate unter Dauerstress gestanden habe, dann freue ich mich riesig, wenn ich einmal entspannen kann. Aber der ewige Urlaub vom Urlaub erfüllt nicht!

Mit anderen Worten: Sobald man ein Gut (im weiteren Sinn) täglich haben kann, ist es nicht von Reiz!

Wie lange spielst du dich von einem Rekord zum nächsten, ich meine, mit Begeisterung? Zwei oder drei Wochen, oder auch zwei Monate. Aber dann? Ich sage dir, wenn du viel in deinem Berufsleben erlebt hast, ein gefragter Mitarbeiter warst, Dienstreisen absolviert hast, ist es unheimlich schwer, nur mehr die zweite oder womöglich gar die fünfte Geige spielen zu müssen. Jetzt ist es an mir, den Mann zu definieren. Ein echter Mann ist erfolgreich im Beruf! Was macht denn den Herrn der Schöpfung aus? Anerkennung, Macht, Geld.

Eine ordentliche „Portion" Sex noch! Es geht doch immer nur ums HABEN, nie ums SEIN! Der Herr Fromm hat darüber ein ganzes Buch geschrieben. Aber in der heutigen Konsumgesellschaft ist es doch oberstes Gebot zu protzen, ist es doch wesentlich, ein um zweitausend Euro teureres Auto zu haben als der beste Freund oder der Nachbar. Oder wenigstens vier Mal im Jahr Urlaub zu machen. In meinem Fall ist das überhaupt seltsam: Geld ist nicht das Problem! Das Gehalt ist super, mit den Kollegen verstehe ich mich gut, sehr gut sogar. Wenn ich daran denke, wie viele Arbeitslose es gibt, dann sollte ich schnell mein Maul halten. Aber das kann ich nicht! Der Mensch braucht etwas, was er bekritteln kann.

Wo käme man denn hin, wenn jede(r) zufrieden wäre mit dem, was ihm oder ihr vom „Schicksal" zugeteilt wurde? Man müsste direkt was erfinden, was einen unglücklich macht!!

Ich verweise auf das phantastische Buch des österreichischen Konstruktivisten Watzlawick, „Anleitung zum Unglücklichsein".

Die Botschaft ist einfach: Jeder baut sich seine eigene Wirklichkeit im Kopf. Und ich muss ergänzen: Meist vollkommen an der Realität vorbei! Es geht mir wie einem alten Mann, der so das Gefühl hat, nicht mehr gebraucht zu werden. Es ist eigentlich nicht wichtig, ob ich im Büro sitze oder nicht.

Ein wenig beneide ich die Mitarbeiter, die ständig 'was zu tun haben. Ha, nun habe ich auch das drittbeliebteste Spiel begonnen....

Ich bin in der Arbeit so ein Mann für Spezialfälle. Vom Tagesgeschäft vollkommen abgekoppelt. Und irgendwann, genauer vor drei Jahren, hatte man mir quasi die „Carotis" abgeschnitten. Ja, freilich nicht vollkommen durchtrennt, aber der dünne Faden, der mich noch mit dem restlichen (Abteilungs)körper verbindet, ist mir zu dünn! Wird er nicht bald reißen? Apropos abgekoppelt: Ich bin der Waggon, der schon am Abstellgleis ist. Jedenfalls empfinde ich es so.

Wie gut kann ich einen Gauguin verstehen! Ja, ich weiß schon, was du einwenden wirst: Zu welchem Preis? Er hat immerhin seine Familie und sein gesamtes Umfeld hinter sich gelassen. Der Mann hatte doch auch einen sicheren Job, ich denke, er war Bankangestellter! Aber eines Tages beschloss er, nach Tahiti aufzubrechen. Er hat seinen Weg gemacht! Wahrscheinlich ist es ex post immer leicht, zu sagen, DER hat es richtig gemacht! Wer weiß, wie viele Kämpfe er ausstehen musste, wie oft er verzweifelt war, wie oft er sich einsam gefühlt hatte! „Nobody knows the troubles I´ve seen"....

Karl (versucht den Redefluss kurz zu unterbrechen, wirft schüchtern ein): Mach´ es doch wie die meisten Menschen, verwirkliche dich selbst! Talente hast du ja ausreichend. Trau´ dich einfach!

Andreas (schmollend): Selbstverwirklichung! Das ist die Antwort! Ich kann das Wort nicht mehr hören! Ein scheinbar unerschöpfliches Thema.

Ich bin nicht so mutig, dass ich alles hinschmeiße und genau das tue, was ich gern möchte! Es gibt bekanntlich auch Sachzwänge! Und was kann ich denn soo gut, dass es ausreicht, sich seinen Lebensunterhalt zu verdienen?

Karl: Also jetzt bleib´ mal am Teppich! Du alter Pessimist! Du sollst dich ja nicht als Apnoetaucher in der Südsee versuchen! Oder als Hollywood-Schauspieler. Obwohl, ein Komödiant wärst du durchaus. Könntest vielleicht dem guten alten Walter Matthau nachfolgen! Aber das willst du ja nicht, oder? Da gibt es doch anderes, das machbar ist!

Andreas (matt): Ich bin eher wie ein geduldiges Lamm, das ewig seinen Mund hält und der Dinge harrt, die da kommen mögen. Oft tut es beinahe weh, zu fühlen, wie das Leben an einem vorbei läuft! Stundenlang sitzt man in seinem Office herum. Absolute Zeitvergeudung! Manchmal komme ich mir vor wie Onkel Wanja. Tschechow lässt seine Personen mehr oder weniger dauernd über ihre Unzufriedenheit und ihre innere Leere klagen. Ich denke, dass seine Stücke das Publikum deswegen so angesprochen haben und immer noch ansprechen, weil es sich selbst in der einen oder anderen Figur wiedergefunden hat bzw. wiedererkennt.

Die Wohlstandsgesellschaft macht uns kaputt!

Wir im goldenen Mitteleuropa leben im Überfluss, wir haben alles, und wissen daher nicht mehr, was wir denn noch wollen sollen! Aber der Mensch braucht Wünsche, so wie er Negatives braucht, um sich wohl zu fühlen.

Ich erinnere mich an eine Begebenheit aus meiner Kindheit. Mein Bruder und ich, ich war so zehn oder elf - er dann eben acht oder neun - Jahre alt. Wir bekamen damals ein geringes Taschengeld. Wir wünschten uns beide sehnlichst einen Cassetten-Recorder.

Musik war immer schon das Um und Auf in unserer Familie gewesen! Und wir haben gelernt, da wir das Geld nicht hatten, auf etwas zu warten, volkswirtschaftlich ausgedrückt: zu sparen. Und nach etwa acht Monaten ansparen bekamen wir dann zu Weihnachten, natürlich auch unter einer großzügigen Subventionierung durch die Eltern, besser bekannt als Weihnachtsgeschenk, das Gerät. Die Freude war groß! Heute kauft man sich jedes elektronische Gerät umgehend im Geschäft, möglichst am

Heimweg von der Arbeit! Einfach so, ohne besonderen Anlass!

Vielleicht als Belohnung, weil es ja so furchtbar schlimm zugegangen war im Büro. Und eben auch, weil es quasi notwendig zu sein scheint, und weil es doch die Freunde und Bekannten auch schon haben.

Karl: Ist ja auch in Ordnung, wenn es im Rahmen bleibt. Man schenkt ja Freunden oder der Ehefrau auch etwas, warum soll man sich selbst nicht belohnen? Kleine Geschenke erhalten die Lebensfreude. Bitte aufschreiben! Ich habe eine kleine Weisheit formuliert!

Andreas: Ich für meinen Teil halte es ohnehin mit kleinen Belohnungen. Eine CD da, ein Buch dort. Auch 100 g Konfekt können über den unerträglichen Weltschmerz hinwegtrösten.

Karl: Ich kann mir deine Situation schon vorstellen. Jeder Mensch will gebraucht werden, will anerkannt sein. Aber sag, hast du schon einen Ausweg gefunden, vielleicht auch mehrere? Oder drohst du im Selbstmitleid zu versinken, nachdem du zu ausführlich darin gebadet hast?

Andreas: Die innere Leere, verursacht durch Passivität, ist, wie einmal ein Freund sagte, „katastrophfurchtabar"! Aber die Antwort ist, und das habe ich immer wieder erfahren dürfen: Action! Statt nutzlosem Herumliegen auf der Couch und Nichtstun....

Karl (schnell): Nichtstun, um sich vom Nichtstun zu erholen...

Andreas: Ja, so ungefähr! Studieren, Sport betreiben, Sprachen lernen, Ausgehen. Alles hilft!

Die (nicht mehr ganz neue) Weisheit des Tages, nein des Jahrhunderts: „La vie est belle"! „Seize the day"!

er Bike-Trip oder „Es iss alles sso locker flockig…"

Das Grauen packte mich, als ich von meiner Frau, die mit meiner Cousine Rachel (jede Ähnlichkeit mit der Figur aus Daphne du Mauriers Roman ist zufällig und keinesfalls beabsichtigt!) in der gleichen Schule unterrichtet, an einem kalten Februartag angerufen wurde. Es war ein Freitag, und am nächsten Tag wollten wir, id est: die mir Angetraute und ich, und eben die Cousine mit ihrem „LAP" (nein, ich habe nicht „TOP" vergessen, es geht also nicht um einen kleinen Computer, den sie mitzunehmen beabsichtigte, sondern um ein männliches Wesen, mit dem Rachel zumindest für eine gewisse Zeitspanne zusammenbleiben wollte!) in die Stadt der Liebe reisen. Alles längst gebucht. Die Vorfreude, die bekanntlich die schönste ist, war groß.

Paris im Februar? Brrrrrrrrrrr kann man dazu nur sagen! Das Problem liegt auf der Hand: Rachel ist nun einmal, genauso wie meine Frau, nicht in der Lage, zu beliebigen Zeiten Reisen anzutreten, sondern nur in den in Österreich massenhaft vorhandenen Ferien. Und im Sommer? Im Sommer können wir nicht zu jeder Zeit wegfahren, denn der ist meist auch schon verplant. Primär kommen, möglicherweise ein letztes Mal, wie meine Frau immer zu sagen pflegt, die Kinder zum Zug. Unsere Kinder sind schon soo alt - drei sind schon erwachsen -, dass man jedes Jahr damit rechnen muss, dass sie nicht mehr mit uns in den Urlaub fahren werden. Marie-Claire, eine meiner inzwischen erwachsenen Töchter, verkündet stereotyp seit fünf Jahren: "Das ist aber heuer wirklich das letzte Mal, dass ich mit euch fahre! Es ist ja schon peinlich in meinem Alter! Alle meine Freunde fahren, seit sie 17 sind, alleine auf Urlaub!" Es stellt sich natürlich sofort die Frage, wer denn eine derartige Handlungsweise verbietet/verbieten kann bzw. ob es in der Schule, in der die junge Frau unterrichtet, schon einmal Thema gewesen ist, dass Lehrerinnen, die noch immer mit den Eltern „urlauben", eine wesentlich schlechtere Beurteilung zu erwarten haben werden, oder ob man gar in Erwägung gezogen hat, sie entweder zu mobben („Muttertöchterlein" oder gar „Ödipussilina") oder sie zu entlassen. Faktum ist: Es geht um gesellschaftliche Zwänge, nicht um die Schönheit der Destination, das fröhliche Beisammensein, das Erleben von schönen Momenten, vielleicht sogar Tagen! Den Eltern, also uns, kann man zugutehalten, offenbar immer wieder „interessante" Reisen zu gestalten, denn meine Tochter ist nicht derart masochistisch veranlagt, dass sie trotz schrecklichen Leidens – aus welchem Grund auch immer – und trotz grässlicher Erfahrungen und einer permanenten Bevormundung durch die Aszendenten in unzähligen Urlauben (die es eben NICHT gab, nur damit das klar ist!), immer wieder beschließen würde, einen neuen Versuch zu unternehmen, in dem durchaus lobenswerten Bemühen, sich selbst zu überwinden! So nach dem Motto: Da musst du jetzt durch! Keineswegs! Hätten die Umstände nicht gepasst (wenigstens grosso modo!), dann hätte Mylady eine Mitfahrt nicht in Betracht gezogen. Was für uns spricht, ist, abgesehen von der tadellosen Behandlung unserer Tochter (die immer wieder einmal zitierte „gesunde Watschn" habe ich ihr höchstens achtmal die Woche verabreicht; nein, bitte das stimmt nicht, das war nur ein Scherz!), zweifelsohne die Auswahl der Reiseziele. Skandinavien, Südengland, und zuletzt Schottland, sind offenbar attraktiv. Viel öfter sollten sich einige Menschen unseres Landes „Die Ärzte" anhören: „Lass die Leute reden und hör´ einfach nicht hin!"

Aber zurück zum schockierenden Anruf. Die Klasse war eislaufen gewesen, Cousine Rachel hatte gemeint, gerade in den letzten 10 Minuten ihr (möglicherweise) einzigartiges Können unter Beweis stellen zu müssen. Rückwärtsfahren, Fahren auf einem Bein und ähnliche Kunststücke sollten vom ungeübten Laien, der wenn es hoch kommt, zweimal pro Jahr diese Sportart ausübt, nur ausnahmsweise ausgeführt werden!

„Deine Cousine hat sich die Speiche der linken Hand gebrochen, wir fahren nun ins Spital!"

„Nein, das darf doch nicht wahr sein!"

„Kannst du bitte auch kommen, denn ich muss dann wieder in die Schule, und Hermann (LAP von Rachel) ist auf Seminar. Er kommt erst um 19h nach Hause!"

Ich fuhr ins Krankenhaus, erstens, um den Schülern meiner Frau nicht in ihrer Wissensaufnahme in die Quere zu kommen und ein mögliches weiteres Waterloo in der nächsten Pisa-Studie Österreich zu ersparen und zweitens, um zu helfen. Neugierig war ich keineswegs, ich gehöre doch der Spezies MANN an!

Es stellte sich heraus, dass eine sofortige OP unausweichlich war! Paris adieu!! Der Opportunist in mir hatte leise gejubelt: „Bin ich froh, dass ich bei der Kälte nicht in Paris umherwandern muss!"

Wir haben die Reise auch nicht angetreten, wir wollten die Cousine besuchen. Aufgrund der abgeschlossenen Stornoversicherung, die wir natürlich in Anspruch nahmen, kamen wir überein, im Sommer die Reise nachzuholen.

Hatte ich nicht weiter oben erklärt, dass der Sommer schon verplant war? Ja, den August betreffend, nicht aber den Juli! Und mehr als drei Tage wollten wir in der Stadt an der Seine ohnehin nicht verbringen! Meine Jungs, auch schon beide genug alt, konnten wohl drei Tage für Ihren Unterhalt sorgen. Pizza, Hamburger, Pizza, und die Welt ist vollkommen in Ordnung!

Ich kann nicht alle Details anführen, wie es genau weiterging, insbesondere fehlen mir dazu die medizinischen Fachkenntnisse! Die OP wurde am Freitag vorgenommen, und um die Ärzte „in Übung" zu halten, am Samstag gleich nochmals.

Der Herr Primarius war mit dem Ergebnis des ersten Eingriffs nicht zufrieden gewesen, die Schrauben mussten anders angeordnet werden, die vollkommene Mobilität des Daumens musste sichergestellt werden. Das arme Mädel!

Am Samstag gegen 16.33h, kamen alle meine Kinder, meine Frau und ich ins Spital! Wir wollten doch sehen, wie es Rachel ging!

Ich wechsle jetzt in die direkte(n) Rede(n), da diese die Situation am authentischsten wiedergeben!

Kind 1 (17 Jahre): „Wie geht es dir?"

Rachel: "Oh, sehr gut! Ich bin soeben mit dem Motorrad gefahren! War ein toller Trip!"

Großes Erstaunen erfüllt die Anwesenden! Manche werfen sich verstohlene Blicke zu, sind ein wenig verwundert.

Wann bitte sollte die Frischoperierte denn das Spital verlassen haben? Hatte Rachel die OP verweigert und einen BIKE-Trip vorgezogen?

Kind 2 (20 Jahre): „Duuu bist mit dem Motorrad gefahren? Wer hat denn das angeordnet?"

Rachel (lächelt sehr entspannt): „Ja, da war dieser Mann im grünen Kittel, der sagte, dass wir eine coole Reise machen würden. War wirklich toll!"

Ich musste auch noch nachfragen: „Und warst du gar nicht verängstigt, du bist doch noch nie Motorrad gefahren?"

Rachel: „Gar nicht! Der Typ hatte alles im Griff. Ich hatte mich gut angehalten und wir sind dahingebraust. Ein besonderes Highlight war die eine Runde, die wir in der City gedreht haben, und zwar nur auf dem Hinterrad! Schade, dass wir schon wieder zurück sind!"

Nach ein paar Minuten äußert Rachel, dass ihre linke Hand (angeblich) gar nicht zu ihr gehöre!

Verwundert stellt sie fest: „Ich weiß gar nicht, was diese Hand hier sucht. Die will ich da nicht haben!"

Meine Tochter (Yvonne-Françoise): „Lass´ sie einfach da, wo sie ist! Sie passt schon zu dir!"

Rachel (eine kleine Falte erscheint auf ihrer Stirn): „Warum soll ich sie da lassen, wenn sie doch hier fehl am Platz ist? Ich will sie weghaben!"

Ich: „Sie gehört schon zu dir, mach dir darum keine Sorgen!"

Rachel (zwei Minuten später): „Wie bin ich eigentlich hierhergekommen? Hat man mich durch das Fenster herein geschubst?"

Tochter Nummer 2: „Nein, nein, man hat dich schon durch die Tür herein gebracht!" (gluckst ein wenig, kann aber ein Lachen unterdrücken)

Rachel (total entspannt): „Ich finde das alless ssso lustig!" (lallt, beinahe unmerklich) „Es iss allesss so locker und flockig!"

Die Ältere bemerkt lachend: „So witzig und gelöst habe ich Tante Rachel noch nie gesehen!"

Weiterer Erklärungen bedarf es wohl kaum. Alle, die jetzt angenommen haben, die Vollnarkose hatte noch nicht aufgehört zu wirken, haben die Lage richtig eingeschätzt!

Bevor wir den Besuchsraum verließen, sagte mein Frau: „Das ist ja ein geiler Cocktail, den Rachel da bekommen hat! Ich werd´ mal fragen, vielleicht können wir auch eine kleine Portion davon haben! Danach hätten wir sicher eine tolle Party…"

Ich wollte auch operiert werden und den „Wunder-Cocktail" bekommen!!

Tja, mein Wunsch sollte bald in Erfüllung gehen….

Die Schlüsselloch-Operation oder: Reicht dehnen nicht auch aus?

Teil I: Präludium oder Haben wir bald eine hieb- und stichfeste Diagnose?

Es fing alles recht harmlos an. Wieder einmal darf ich mit meiner Frau in Paris sein, Sightseeing steht am Programm, Museen müssen besucht werden. Endlich ein Besuch im Centre Pompidou und im Louvre! Kultur ist ein hohes Gut, im Hause Grey sehr geschätzt. Primär gilt unsere große Liebe zwar der Oper, aber auch mit der bildenden Kunst beschäftigen wir uns seit geraumer Zeit. Zahlreiche Bücher und Heftchen über Maler aus unterschiedlichen Epochen stehen zu Hause in den Regalen.

Beim häufigen Spazierengehen in Paris hatte ich Leistenschmerzen bekommen, mehrmals hatte ich stehenbleiben müssen, hatte versucht, durch Dehnübungen den Schmerz zu bändigen! Umsonst! Damals war ich primär davon ausgegangen, es handle sich um eine leichte Zerrung. Mitnichten! Doch der Reihe nach! So schnell schießen die Preußen nicht, hatte man früher gesagt! Etwas prägnanter, weil die Preußen sich ja nicht mehr derart aggressiv verhalten, ist wohl: „Gut Ding braucht Weile!" Und damit meine ich nicht (nur), dass die Erzählung eine Zeit in Anspruch nehmen wird, sondern, dass einige Wochen vergehen sollten, bis die endgültige Diagnose festgestanden hatte.

„Schonung" hatte der zuerst aufgesuchte Orthopäde empfohlen.

Möglicherweise hatte ich zu diesem „Urteil" auch durch meine bagatellisierende Beschreibung der (damals noch leichten) Schmerzen beigetragen. Nach drei Wochen trat keine Besserung ein. Eine gewisse Unruhe macht sich breit. Noch war ich guter Dinge, dachte an nichts Böses. Aber ein weiterer Besuch beim Orthopäden war doch „angesagt". Auf meine Empfehlung hin, wurden nun Untersuchungen eingeleitet. Bravo!

Bei dem was ich nun zu Papier zu bringe, werde ich keine Namen nennen, um die Götter in Weiß nicht zu verärgern (sollten sie je diese Zeilen lesen, was ich, ehrlich gesagt, stark bezweifle!). Ich habe aber ohnehin kaum einen Grund zu klagen, denn: Was zu geschehen hatte, ist letzten Endes, wie im Teil V beschrieben, professionell erledigt worden, jedenfalls von den Ärzten (!).

Da ich bis zum Sommer des letzten Jahres nichts mit Orthopäden, Chirurgen und dergleichen zu tun hatte, wollte ich alle Diagnosemöglichkeiten kennenlernen, die die Medizin des 21. Jahrhunderts anzubieten hatte!

Ich ging nach dem Ausschlussprinzip vor. Nach jeder Untersuchung konnte ich getrost ein „Hakerl" auf die in meinem Geiste erstellte Liste potenzieller Erkrankungen machen. Meiner Phantasie waren diesbezüglich aufgrund der doch vorhandenen Lebenserfahrung keine Grenzen gesetzt.

Es folgt eine kurze Beschreibung der Untersuchungen (man beachte, was ich mir alles als Krankheitsursache ausgedacht hatte!).

Primär einmal ein Röntgen (nein, kein Lymphdrüsenproblem, das ich zumindest geistig in Betracht gezogen hatte!), das kann nie schaden, danach eine Sonographie (die den befürchteten Leistenbruch ausgeschlossen hatte!).

Doch damit nicht genug, ein MRT wollte ich doch auch haben! Und es war schrecklich, so viel darf ich vorwegnehmen! Nicht nur, dass man nicht immer sicher sein kann, ob es im eigenen Kopf derart rattert oder ob es die Maschine ist, die diesen lästigen Lärmpegel erzeugt, nein, es kamen noch die unerträglichen Schmerzen im Oberschenkel dazu, die ich im Teil II („Dehnen bis zum Zerreißen") beschreiben werde. Aber ich war bereit zu kämpfen, die Prozedur über mich ergehen zu lassen. An aufgeben hatte ich nicht gedacht. Schweißgebadet, die Zähne fest zusammengebissen, versuchte ich dem Bein mitzugeben, es möge doch still halten, sonst müsste man sich noch ein weiteres Mal in dieses Höllengerät begeben. Leider war das beleidigte Bein nicht bereit, auf meine gut gemeinten Ratschläge zu „hören".

Diese Sturheit, diese Eigenwilligkeit, gepaart mit Hinterlist! Ich dachte, es habe sich unauffällig verhalten, aber dann stellte sich heraus, dass es ungehorsam gewesen war! Die Schwester, die mein Läuten (ja ich habe dann, nach etwa zehn Minuten, doch versucht zu resignieren, doch vergebens! Weichei, dein Name sei G. der Graue!) und Rufen nicht gehört hatte, oder es nicht hören hatte wollen - vielleicht war sie auf einen Kaffee gegangen - kam jedenfalls nicht herbei. Als sie dann kam, beinahe drei Minuten später, hatte sie lediglich zu bemerken: „Sie müssen das Bein ruhig halten! Das ist doch alles ganz verwackelt, da sieht man doch nichts!"

Meine Replik kam prompt (wieso ich derart höflich reagieren konnte, kann ich heute nicht mehr nachvollziehen!): „Na Sie sind gut, ich versuche ja, stillzuhalten, aber ich habe starke Schmerzen!" Den Versuch unternommen zu haben, die Situation zu verbessern, kann ich der lieben Dame nicht absprechen, die Tauglichkeit der Mittel muss ich in Abrede stellen! Einen kleinen Sandsack hat sie mir auf die Wade gelegt! Lächerlich! Und so entsetzlich ineffektiv!

Am Ende versuchte sie, meine furchtbare Verzweiflung - Also bitte! Schluss mit dem „Sudern" (Österreichisch für: klagen/jammern), Herr Autor! - in Freude zu verwandeln (ich zitiere aus dem Psalm 30: „Du hast mein Klagen in Tanzen verwandelt!"), in dem sie ausrief: „Auch wenn das Meiste unscharf ist, eine Sequenz dürfte gut geworden sein! Vielleicht reicht diese aus, um eine eindeutige Diagnose erstellen zu können!" Meine Stimmung hatte sich schlagartig verbessert.

Hätte ich in meinem Zustand tanzen können, ich hätte es getan. Und wenn ich nicht gar ein eher zurückhaltender Mensch wäre (ein paar Freunde lachen vermutlich an dieser Stelle unverschämt!), und nicht meine Zweifel gehabt hätte, ob sie denn Recht gehabt hatte mit ihrer Aussage, hätte ich sie umarmt und vielleicht sogar abgebusselt! Ich wollte keinesfalls nochmals in diese Röhre!! Aber was, wenn dann die Diagnose doch nicht gestellt werden konnte, ich mich also nochmals der Untersuchung unterziehen musste, wozu dann das Abbusseln? Also ließ ich es bleiben!

Für den von mir seit Jahrzehnten geleisteten Sozialversicherungsbeitrag wollte ich doch auch endlich einmal eine Gegenleistung bekommen!

Ein bisserl untersuchen wird man sich doch einmal im Leben lassen dürfen, oder? Bevor mich nun ein erboster Mitbürger, oder gar eine MitbürgerIN, für ein gewissenloses und verkommenes Subjekt hält, und davon ausgeht, dass Leute wie ich die Hauptschuldigen daran sind, dass die Sozialversicherungen so hoch verschuldet sind, muss ich darauf hinweisen, dass ich nur gescherzt habe! Die Wahrheit ist viel simpler. Ich wusste nicht, dass die Beschwerden von der Hüfte ausgegangen waren! Ich schwöre, dass es so war, bei allem, was mir heilig ist! Fragen Sie mich nicht, was denn das ist, das geht Sie gar nichts an!

Ein kurzer Besuch beim Internisten hatte eine weitere Gewissheit gebracht: Durchblutungsstörungen lagen nicht vor. Ich hatte an die „Schaufensterkrankheit" gedacht, da ich immer wieder nach wenigen Metern stehen bleiben musste. Nur damit das klar ist: Ich bin ein Mann, und daher nicht der Spezies „Shopper" zuzuordnen. Na ja, ich relativiere: CDs und Bücher, eventuell auch Filme kaufe ich schon....

Um auch die Resistenz meiner Leber und meines Magens „mit-zu-testen" (dass das Bein einigermaßen was aushielt, wusste ich ja schon!), verschrieb mir der „Onkel Doktor" sicherheitshalber gleich Schmerzstiller.

Eine Woche einnehmen, denn, wenn tatsächlich eine Entzündung vorliegen sollte, sollte „Deflammat" (Nomen non est omen!) neben der schmerzstillenden Wirkung, die es ja angeblich entfaltete, auch dafür Sorge tragen, dass diese verschwand. Meine Begeisterung über die Einnahme dieses Präparats konnte nicht entflammt werden!

Fazit: Magen und Leber hatten den Test sehr gut überstanden (allerdings habe ich auch, um den Test ihrer Resistenzfähigkeit nicht überzustrapazieren, auf den Genuss von Alkohol und Drogen verzichtet!), dem Bein war es egal, die Apotheke hatte ein bisschen verdient, und auch der Internist konnte eine Konsultation der Gebietskrankenkasse in Rechnung stellen!

Also beinahe eine „WIN-WIN-WIN"- Situation (das dritte WIN steht für die Standfestigkeit meiner Gedärme!), außer für die Leiste und das Bein des Patienten! Die schmerzten weiter.

Aber bitte, woher kommen nun die Schmerzen im Bein?

Teil II: Dehnen bis zum Zerreißen?

Man(n) hat nach wie vor Schmerzen in der linken Leiste. Diverse Untersuchungen förderten dann letzten Endes zutage, dass es sich um ein „Impingement" handeln muss. Für die, die mit Hüftleiden nicht so vertraut sind, oder die (noch?) nicht Medizin studiert haben: Es ist von einem Zusammenstoß die Rede, ein sogenanntes Überbein (Osteophyt) verursacht, dass im Hüftgelenk dauernd eine Reibung entsteht. Man(n) konsultiert, wie vom Orthopäden empfohlen, einen Physiotherapeuten.

Ein noch junger Tiroler, kräftig gebaut, vulgo: Typ Freistilringer, begutachtet das lädierte Bein. Die ersten Versuche, den Patienten zu provozieren, scheitern. Es kann kein wesentlicher Schmerz ausgemacht und auch nicht verursacht werden.

Das beunruhigt scheinbar den Professionellen, den Mann in der Waagrechten weniger. Ziel der Übung ist natürlich nicht, die Schmerzgrenze des Patienten kennen zu lernen, sondern vielmehr, die Ursache der Schmerzen im Fuß zu ergründen. Und auch soll der Versuch unternommen werden, eine OP der Hüfte, genauer: eine Arthroskopie, unter Umständen, hintanzuhalten.

In der zweiten Therapiestunde wird die Gangart verschärft. Es gibt jedenfalls eine Diagnose: Der Muskel des linken Beines ist extrem verkürzt!

Einen derart verkürzten Muskel habe Monsieur X (gemeint ist, bien sûr, der Physiotherapeut!) noch nie gesehen. Ich konzediere, dass ich leider, trotz 18-monatigen Traktierens (und zwar vier- bis fünfmal die Woche) eines Ergometers (i.e. das Gerät, das man im Volksmund Heimtrainer nennt) nie an Dehnung gedacht hatte.

Ein Silberstreif am Horizont: Wenn es doch nur der verkürzte Muskel ist, dann schaffen wir das, ich und die noch zu beschreibende Höllentherapie, eine OP kann unterbleiben. Einen Osteophyten hätten viele Menschen, wird mir erklärt, die leben jahrelang damit!

Nun komme ich in die „Via Dolorosa". Jetzt geht es ans Eingemachte! Die für Normalsterbliche beinahe nicht zu ertragende „Übung": Lasse einfach das linke Bein vom Bett herabhängen und schau was passiert!

Die Reaktion des Gequälten bringt es auf den Punkt: „Nein, das halte ich nicht aus. Die Schmerzen sind unerträglich!" Die Replik des Therapeuten ist eindeutig:„ Aber was, dann stützen Sie sich halt mit dem anderen Bein auf meiner Brust ab.

Da müssen wir jetzt durch!" Mit einem Kieferdruck von ungefähr 470 kg - anders formuliert: extrem stark zusammengebissenen Zähnen! - gelingt es mir, das malträtierte Bein ca. 25 Sekunden hängen zu lassen. Eine Übung, die ich allen Masochisten wärmstens empfehlen kann. Man könnte meines Erachtens sogar eine Mini-WM ausschreiben: Jede Sekunde zählt! Ob die stärksten Männer der Welt nun einen LKW einen halben Meter nach vorne ziehen oder ob sie beweisen, was sie an Schmerzen aushalten, macht doch keinen gravierenden Unterschied, oder?

Ich verlasse die Praxis, gehe mit gutgemeinten Ratschlägen versehen, nach Hause. Und es gilt: Wenn eine OP vermieden werden kann, dann sollte jedes Mittel Recht sein! Endlich kann ich mal herausfinden, ob ich ein Warmduscher bin, oder eben doch ein richtiger Mann!

Da wir zu Hause kein geeignetes Bett haben auf dem ich diese Übung nachvollziehen könnte - unser Bett ist um ca. 30cm zu niedrig, der Küchentisch vermutlich nicht geeignet, ein 90kg-Paket sicher zu halten -, bin ich gezwungen, den guten alten Schreibtisch zu benutzen.

Mein Ziel ist klar vorgegeben: Ich werde binnen drei Tagen meinen Muskel um wenigstens 45cm verlängert haben. Und wenn das Bein dadurch um 10 cm wachsen oder der Muskel sich irgendwie in Schlangenlinien im Inneren des Beines „verlegen" müsste! Quasi ein Darm im Bein…

Ich lege mich, beinahe übermotiviert, auf den Schreibtisch und lasse mich erstmals hängen.

Stolz bin ich darauf, dass ich einen der Situation angemessenen tierischen Schrei mit etwa 120 Dezibel (laut Angaben in Wikipedia in etwa die Lautstärke, die eine Kettensäge erzeugt!) durch ein leises Stöhnen substituieren kann. Wenn das nicht Wiener Rekord in dieser Disziplin ist! Ich bleibe mit schmerzverzerrtem Gesicht 25 Sekunden liegen! Anfangs hatte ich noch die linke Brust meiner Frau als Abstützungs-Objekt gewählt, aber dann wollte ich doch diesen mir sehr wichtigen Körperteil nicht der Gefahr aussetzen, auch noch verletzt zu werden. Der Sattel des Heimtrainers konnte einen derartigen Druck gut vertragen. Er leistete mir diesbezüglich hervorragende Dienste.

Welcher ernstzunehmende Sportler gibt sich mit Wiener Rekord zufrieden? Und auch bot sich die Chance, in einer Disziplin, die frühestens 2020 olympisch werden könnte, bereits Bestzeiten zu trainieren.

Und eine deutliche Steigerung konnte ich tatsächlich erzielen. Ich schaffte an diesem Samstag auch viermal 42 Sekunden!

Am Sonntag erreichte ich erstmals die 55 Sekunden-Marke! Das sollte annähernd Europarekord sein, eigentlich werden, da es ja die „Sportart" noch gar nicht gibt…

Nach insgesamt 17 „Trainingseinheiten" am Weekend, inzwischen dem Wahnsinn nahe, die Frustrations-toleranzgrenze dabei überdimensional nach oben geschraubt habend, also beinahe in der Lage seiend, böswilligste Gemeinheiten mit einem (vielleicht ein wenig gequälten) Lächeln abzutun, wollte ich mich am Montag noch an meinen intern festgesetzten Weltrekord heranwagen. Immerhin wollte auch ich mich einmal als männliche Lindsay Vonn fühlen. Nein, ich bin nicht schwul, ich meinte nur, Erster zu sein, muss doch dem Selbstbewusstsein zuträglich sein. Und es bewahrheitete sich: Wer wagt, gewinnt! Der dritte Versuch brachte 65 Sekunden. Und das Schönste an der „Stretcherei" ist, man möchte es nicht für möglich halten, wenn der Schmerz nachlässt! Dieses Hochgefühl ist nur vergleichbar mit der unheimlichen Erleichterung, die den Zahnarztpatienten erfüllt, wenn der Bohrer seine Tätigkeit eingestellt hat. Ich rutsche bei derartigen Gelegenheiten ein wenig im Sessel hinunter, die ineinander verkrampften Hände werden gelöst; ich könnte laut meine Freude über das Erreichen des „Ziels" herausschreien, hätte ich nicht noch diverse Gerätschaften in meinem Mund.

Doch zurück zum „Stretching Extreme" und seinen durchaus unerquicklichen Folgen. Wenn nämlich die Menschheit nun annimmt, dass es mit dem Martyrium vorbei, der Muskel gedehnt war und die Hüfte glücklich und zufrieden ihren „Dienst" versehen würde, mit einem Wort, alles bestens war, liegt sie total falsch! Jetzt erst begann die Bewährungsprobe.

Ich würde das, was nun zu bewältigen war, in der von mir angeregten Mini-WM, als den „zweiten" Bewerb bezeichnen. Ich darf hier ausführen, dass dieser Durchgang den ersten bei weitem an Intensität übertrifft. Jetzt erst stellt sich heraus, ob es sich um einen Übermenschen handelt oder nicht. Ich bin Nietzsche für diesen Begriff sehr dankbar. Warum? Lesen Sie selbst.

Es war mir doch tatsächlich gelungen, mit dieser Tour de Force alles in meinem Bein rebellisch zu machen!

Alle Nerven, Muskeln, Bänder, aber auch sonstiges Gewebe, waren auf AUFSTAND eingestellt.

„Wenn man uns dermaßen sekkiert, uns quält und unterjocht, dann steht es uns zu, uns aufzulehnen", so in etwa müssen diese Teile gedacht und reagiert haben, wenn sie denn denken können! Reagieren können sie jedenfalls, soviel steht fest!

Wozu schlafen in der Nacht, wenn man doch, als Alternative, Musik hören oder lesen kann? Oder - es lebe „Youtube"- man sich seine OP doch schon auf Video anschauen kann! Ja, nicht wirklich SEINE OP, doch immerhin die Art des Eingriffs.

Wie denn sich umdrehen, wenn das „beleidigte" Bein nur für maximal zwei Positionen zu haben ist? Ein Wecker ist überflüssig, denn um 3.30h ist spätestens „Schluss mit lustig"! Nerv geht mir auf den Nerv! Muskel zuckt (oder sagt man an dieser Stelle besser zickt?) unmotiviert. AUUUUUUUUUUUUUUUUUUUUUUUUU. Steh auf!

Zu meiner großen Freude schmerzte bald auch das Knie. Hatte ich versehentlich auch die Patella gedehnt?? Muss auch die Kniescheibe, ihrer schlechten Behandlung wegen, sich zu Wort melden?

Ich halte es in diesen Wochen nach dem Aufstehen nur in einem heißen Muskel- und Gelenksbad aus. Die Muskeln lieben die Wärme, sie zeigen sich ein wenig versöhnt!

Wenn ich losgehe, habe ich einen „Bonus" von 90 Schritten, genauer gesagt, schmerzfreien Schritten. Dann krampft sich alles zusammen, und ich darf endlich stehenbleiben. Und nach weiteren 50 Schritten erneut! Auch hier wieder ein wesentliches Kriterium in der zu kreierenden Mini-WM: Der stets schnell vorwärts Strebende lernt Geduld zu haben. Gleichzeitig eine optimale Vorbereitung auf das Alter!

Zurück zu Nietzsche: Ja, ich halte mich nun für einen Übermenschen, denn was da auszuhalten war, ist nicht jedes Menschen Sache!

Und für die Neugierigen unter der werten Leserschaft: Nachdem ich das Stretching wieder eingestellt hatte, gaben sich beinahe alle Schmerzen wieder. Wohlgemerkt beinahe, denn eine Art permanenter Muskelkater im linken Oberschenkel war geblieben. Aber der war, angeblich, ein Ausstrahlungsschmerz von der Hüfte!

Die Arthroskopie musste dennoch vorgenommen werden.

Dehnen ist gut und wichtig, aber jedenfalls nicht mit Brachialgewalt!

Teil III: Gewissheit braucht der Mensch, und wenn es denn sein muss zu 10.000 Prozent

Ich hatte tatsächlich ein „lesbares" MRT „hingelegt", die Diagnose stand fest: Eine Schlüssellochoperation stand ins Haus! Jubel, Trubel, Heiterkeit!

Wie schon im letzten Kapitel angedeutet, hatte ich mir immer sehnlicher gewünscht, möglichst bald operiert zu werden. Warum? Na, weil ich auch gehört hatte, dass der permanente Schmerz im Oberschenkel ein Ausstrahlungsschmerz von der Hüfte wäre und daher nach der OP „verschwunden" sein müsste. Aber garantieren könne man nichts.... Und außerdem hatte ich keine Lust, entweder ein neues Hüftgelenk bekommen zu müssen, weil womöglich, bei längerem Zuwarten, eine starke Arthrose die für den Träger des Hüftgelenks nicht vorteilhafte „Arbeit" des Abriebs des Knochen verrichten würde, oder auf Dauer diesen muskelkaterähnlichen Zustand im linken Oberschenkel auszuhalten.

Es ist kein Gerücht, dass es in Österreich in der medizinischen Betreuung eine Zweiklassengesellschaft gibt. Der Durchschnittsösterreicher wartet auf eine derartige OP in etwa sechs Monate! Der überdurchschnittliche, sprich jener, der eine Zusatz-Krankenversicherung abgeschlossen hat, höchstens zwei!

Bevor die Orthopäden endlich ans „Fräsen" gehen konnten, sollten doch, sicherheitshalber, noch ein paar Schritte gesetzt werden.

Hatte ich wirklich schon alle möglichen Untersuchungen ausgeschöpft, hatte ich die „Millionen", die meine Arbeitgeber seit Jahren an die Gebietskrankenkasse abgeliefert hatten, schon herein bekommen? Nein, noch nicht ganz!

Der behandelnde Arzt wollte noch ein CT haben.

Nun soll eine Kuriosität der österreichischen Verwaltung ans Licht kommen!

Das CT musste von der Gebietskrankenkasse bewilligt werden. Doch die Ärztin einer Bezirksstelle hatte Einwände. Das sei zu teuer, ich habe ohnehin schon ein MRT in Anspruch genommen. Wenn eine OP ohnehin durchgeführt werden müsse, könne das Spital das CT machen.

Mein Arzt, konfrontiert mit dieser unbefriedigenden Entscheidung, riet mir, einfach eine andere Stelle aufzusuchen. Ja, derselben Krankenkasse!

Ich dachte, schlecht verstanden zu haben. Entweder die Untersuchung wurde bewilligt oder eben nicht. Ich musste ja, als ein mit den Arbeitsvorgängen innerhalb der Gebietskrankenkasse nicht so Vertrauter, davon ausgehen, dass im IT-System die bereits erfolgte Ablehnung vermerkt worden war!

Nun kam eine kleine Überraschung: Es gab entweder noch kein IT-System bei der Gebietskrankenkasse oder es wurde nicht von jedem verwendet!

Die Ärztin im anderen Bezirk hatte Verständnis, und das CT wurde gebilligt! Es leben: die Entscheidungsfreiheit, der Mangel an einheitlichen Vorschriften, vielleicht auch die Schlamperei (möglicherweise hatte Ärztin Nr. 1 einfach nur vergessen, ihre „Ablehnung" ins System einzugeben)! Ob es einmal eine Verordnung aus Brüssel zu dieser Problematik geben wird?

Bevor ich unter das Messer „durfte", gab es noch einen „Prozess" (nicht den von Franz K.!) zu durchlaufen, der mich ein wenig erstaunt hatte, nämlich, dass man seitens des einen Fachmannes darauf gedrungen hatte, eine sogenannte „Second Opinion" einzuholen, und zwar bei einem Ultrasuper-Fachmann, quasi dem Guru der Hüfte. War mein MRT doch derart schlecht geworden, dass daraus nicht abgelesen werden konnte, welche Verletzung/Abnützung/Erkrankung vorlag?

Ich hatte damals den (richtigen!) Eindruck gehabt, dass die Diagnose eindeutig gewesen war und ich ein zweifelsfrei identifizierbares MRT produziert hatte! Selbst der junge Orthopäde, der als erster mein MRT zu Gesicht bekommen hatte, hatte ohne zu zögern von einer „Schlüsselloch-Operation", besser bekannt unter „Endoskopie" hier auch „Arthroskopie", gesprochen. Nach diesem Orthopäden hatte ich zur Sicherheit - nun, offenbar holt auch der Patient bisweilen eine „Second Opinion" ein! - den nächsten Fachmann, einen weiteren Orthopäden, aufgesucht, der mir von einer guten Freundin empfohlen worden war.

Man lässt sich schließlich nicht von JEDEM operieren, man geht auch nicht in ein AKH, wenn es doch Alternativen gibt! Allgemeines kann jeder haben, Spezielles nicht unbedingt, und ich wollte mich nicht in ein Allgemeines Krankenhaus legen, schon gar nicht in DAS „Allgemeine", das mir der Erst-Orthopäde empfohlen hatte, zumal meine Zusatzversicherung mir ganz andere Optionen in Aussicht stellte!

Zurück zur „Zweiten Meinung"!

Böse Zungen würden behaupten, diese Vorgehensweise der Einholung einer weiteren Diagnose sei lediglich Geschäftssache, oder wie man auch sagen könnte: „Eine Hand wäscht die andere"! Für die Lateiner unter den Lesern: Pecunia non olet!

Ich gehe mal davon aus, dass auch Mr. Privatarzt (siehe die kurze Beschreibung unten unter dem Stichwort „Super-Spezialist", oder gar oben unter Ultrasuper-Fachmann! Es handelt sich natürlich nicht um zwei verschiedene Ärzte, sondern um den gleichen!), bei dem einen oder anderen „Fall" (oops, das sind ja Menschen!), den Kollegen, auch seinerseits schon mehr als Fachmann, „co-operieren" lässt.

Ohne das nötige Fachwissen zu haben, gehe ich davon aus, dass einer alleine eine Arthroskopie auch schaffen könnte, nein muss! Denn, dass beide gleichzeitig an dem Knochen sägen (so in etwa wie an einem Baumstamm), das wage ich zu bezweifeln! Und auch wenn ich ein wenig Adipositas habe (besser Deutsch: ca. sieben bis acht Kilo zu viel!) und auch mit eher breiten Hüften ausgestattet bin, kann ich mir nicht vorstellen, dass vier Männerhände in meinem Bauchraum Platz haben!

Meine Familie hatte durch die Einholung dieses zweiten Attestes, bei einem Super-Spezialisten, in dessen Privatordination außerhalb Wiens gelegen, keine Nachteile zu erleiden.

Es ist in der kurzen Zeit, in der ich den geforderten Betrag auslegen musste, keines meiner Kinder verhungert! Die fälligen € 140, die ich für die ca. 15-minütige Beratung bar bezahlen musste, waren auch durch die Zusatzversicherung gedeckt und wurden mir daher ersetzt.

Arme Mitbürger, die ihr auch einen zweiten Arzt aufsuchen müsst (wie wehrt sich denn der vollkommen ausgelieferte Patient gegen diese Anordnung?), aber niemand bereit ist, die angefallenen Kosten zu übernehmen!

Der OP-Termin wurde schließlich auf 14 Tage vor Weihnachten festgesetzt. Das Ereignis würde in einer Privatklinik stattfinden.

Teil IV: Die Vorbereitung auf den Mini-Eingriff oder Pro forma eine Formalität, und was, wenn nicht?

Nun kam die Zeit der Vorbereitung! Noch sechs Wochen, noch fünf, noch vier! Ungeduld, dein Name ist Gerry! Ich will es endlich hinter mir haben!

Ich war in der Zwischenzeit Arnold Schwarzenegger, in seinen besten Zeiten als Bodybuilder versteht sich, schon sehr ähnlich geworden. Was für eine maßlose Übertreibung! Immerhin hatte ich 7,3 kg schwere Kurzhanteln zur Stärkung meines Bi- und Trizeps gestemmt. Und das mindestens acht Mal vor dem Großereignis! Nein, leider nicht pro Woche, sondern insgesamt!

Dies alles in der, wie sich nachträglich herausstellte, unbegründeten Angst, mit Krücken, die ich nach der OP 14 Tage lang verwenden „durfte", Probleme zu bekommen. Immerhin würden meine „Bürohengst-Arme" mehr als 90kg Lebendgewicht befördern müssen, so dachte ich jedenfalls.

Auch wenn ich, als prinzipiell positiv eingestellter Mensch - angeblich stirbt die Hoffnung zuletzt; ich behaupte, sie stirbt nie, denn sie hat ja kein Herz, das zu schlagen aufhören könnte! - kein Testament gemacht hatte - es würde also die gesetzliche Erbfolge zum Tragen kommen, meine Frau und meine vier „Nachwüchse" (ist eine Wortschöpfung des Autors!) würden versorgt sein, sollte ich „beschließen" - als ob das in meiner Macht gestanden hätte!- ins ewige Land der Träume hinüberzuschlafen – quälten mich doch zeitweise Bedenken bezüglich Überlebenschancen für den Fall einer „Überdosis" bei der Narkose. Meine bessere Hälfte meinte drei Tage vor dem OP-Termin kryptisch: „Du wirst doch keinen „Blödsinn" machen!"

Ich versicherte, keine diesbezüglichen Absichten zu haben. Soo grässlich war das Leben an ihrer Seite ja auch wieder nicht, dass man sich, um Schlimmeres zu vermeiden, „verabschieden" musste!

Nein, sie ist schon ein ganz toller Mensch, den ich nicht missen mochte, und ich darf ergänzen: möchte! Und mein „Erstling", eben die hier vorliegende Anekdotensammlung, war auch noch nicht publiziert worden!

Und in die Vereinigten Staaten, nach Frankreich, nach Italien und auch nach Deutschland wollten wir noch reisen.

Ich hatte also keine Veranlassung, abzutreten, oder wie man auf Wienerisch auch zu sagen pflegt, „den Löffel abzugeben". Ich esse in der Früh und am Abend übrigens kalt, und zu Mittag würde ich, wenn es erforderlich wäre, auch mit Messer und Gabel das Auslangen finden. Wenn ich also den Löffel abgäbe, könnte ich trotzdem überleben.

Die größten Bedenken vor meinem Eingriff (der Hüftknorpel würde angesägt werden, um sich eines Osteophyten, eines Überbeins, zu entledigen, wie schon in einem der vorangegangenen Abschnitt beschrieben) hatte ich, wie kann es denn anders sein, nicht davor, die Narkose nicht zu überleben, sondern davor, durch die lange Enthaltsamkeit vor der OP zu verhungern!

Operiert sollte ich um 12h werden (Gary Cooper-Fans würden sagen: „High Noon"), nüchtern musste ich mindestens sechs Stunden (!) vorher bleiben.

Es war daher oberstes Ziel, eine Infusion zu erhalten. Besser flüssige Nahrung als gar keine. Und das sage ich nicht, weil ich Alkoholiker bin! Dumme Formulierung! Jetzt denken manche, ich sei wahrhaft ein Alkoholiker. Ja, ich trinke gerne, besonders mit Freunden oder zu Anlässen, aber nicht jeden Tag und auch nicht literweise. Wenn ich aber formuliert hätte: Und das sage ich nicht als Anti-Alkoholiker, dann hätte der Sinn des Satzes gefehlt und dessen Richtigkeit, jedenfalls partiell…Hilfe!! Ende des Gedankenspiels, das mich ins „Nirwana" (wohlgemerkt, verwendet im übertragenen Sinn, nicht so, wie es Buddhisten verstehen!) führt!

Inzwischen waren alle Vorbereitungen abgeschlossen: Ich konnte keine Hemden mehr anziehen, da sie durch meine überdimensionalen Muskeln regelmäßig zerfetzt wurden ;-), das Zimmer in der Privatklinik war reserviert.

Zwei Supergurus würden beste Arbeit leisten. Der „Herr" mit der zweiten Meinung, die in Wahrheit deckungsgleich mit der ersten war, hatte mir erzählt, dass er in etwa 100 Arthroskopien per annum durchführe, die Wahrscheinlichkeit, dass er die 99. im laufenden Jahr auch erfolgreich beenden würde, war sohin sehr groß! Und, ein ganz wichtiger Punkt: Ich würde eine Infusion am Vormittag vor der OP bekommen! Das war beschlossene Sache!

In medias res!

Teil V: Drei Wälder in einer Nacht oder Die limitierte Lautstärke eines i-Pods oder auch: Hilf' dir selbst, sonst wird dir schlecht!

Sonntag ist es inzwischen geworden. Am nächsten Tag ist „Schnipseltag"!

Bei meiner Tochter nehme ich eine köstliche Mahlzeit ein.

Ich bin felsenfest davon überzeugt, dass es sich um die Henkersmahlzeit handelt!

Jetzt ist mir doch tatsächlich ein Fehler unterlaufen! Ich korrigiere: ….dass es sich NICHT um die Henkersmahlzeit gehandelt hat!! War das nun „a Freudian slip" gewesen? Egal.

Auf Wienerisch würde der bevorstehende Eingriff als „Klax" (oder Klacks?) bezeichnet werden. Nicht einmal eine Reha war vorgesehen!

Nur zwei Tage Spitalsaufenthalt. Man fragt sich ja, ob sich das überhaupt auszahlt, wegen zwei Tagen in die Privatklinik „einzurücken"! Vielleicht könnte man derartige OPs bald zu Hause erledigen, vorausgesetzt, man hatte ein scharfes Tranchiermesser zur Hand!

Um 16h betrat ich die Klinik. Mein Zimmer wurde mir zugewiesen. Die üblichen Voruntersuchungen wurden durchgeführt. Das EKG zeigte quasi das Herz eines 20-Jährigen! Ich war, wie erwartet, op-tauglich!

Um meine Ängste weiter zu schüren, hatte man mir 10 Seiten Erklärungen, die zum Inhalt hatten, was alles bei einer OP passieren könnte, vorgelegt!

Als rational denkender Mensch hätte ich die OP verweigern und die Stätte sofort verlassen müssen. Aber erstens hoffte ich doch, dass nicht alle aufgezählten Komplikationen gerade bei mir auftreten würden, zweitens wollte ich die Beschwerden loswerden, drittens hatte ich ein Spitzenteam, das schon optimal agieren würde, und viertens konnte ein wenig Adrenalin auch nicht schaden! Ich musste nicht Biken, auch nicht Bungee-Jumpen, mir reichte eine Arthroskopie!

„No risk no fun" heißt es, allerdings eher in einem anderen Zusammenhang, nämlich bei Investitionsentscheidungen am Aktienmarkt!

Klar war: Mein Versicherungsvertrag sah ein Zweibettzimmer vor. Man ist doch schließlich kein Eigenbrötler, kein Egoist! Menschliche Nähe kann mitunter angenehm sein! Behaupten viele.

Anmerkung des Autors, eines Pseudo-Intellektuellen: Mit der letzten Ellipse - so bezeichnet man ein Satzfragment! - habe ich wieder übers Ziel geschossen! Also, zur Klarstellung: Ich bin kein Misanthrop, wenigstens nicht das ganze Jahr über! Und zumindest mich mag ich. Bin doch auch dem Typus Mensch zuzuordnen!

Wer würde mich im Zimmer erwarten? Eine „heiße" junge Blondine, ein Mann jenseits der 80? Die Spannung war beinahe unerträglich.

Bald öffnete sich die Tür und es trat ein Mann in den besten Jahren ein, so an die 45. Man hatte mir mitgeteilt, dass ein netter Herr auf mich warte. Und so war es auch! Eine akute Lungenentzündung hatte den Armen ins Spital geführt. Sechs Infusionen pro Tag wurden ihm verabreicht! Er gab zu, etwas groggy zu sein.

Ich musste mich noch um meine Infusion kümmern!

Anfrage bei einer Schwester ergab, dass ich sechs Stunden nüchtern sein musste, ein Frühstück um 5.30h möglich wäre. Ich stimmte begeistert zu. Das Frühstück ist nun einmal meine Hauptmahlzeit! Da soll und darf - in meinem Fall MUSS - man sehr viel Nahrung zu sich nehmen.

Ich lasse jetzt die kleinen Ärgerlichkeiten beiseite, die sich in der Nacht vor dem großen Tag abgespielt haben, als da beispielsweise gewesen wären: ein überheiztes Zimmer (ich hatte doch keine Sauna gebucht!), und ein wirklich grauenhafter „Tatort", der auch mir, einem hartgesottenen Kenner dieser Krimi-Serie, beinahe den Magen umgedreht hätte.

Nun, eine Unannehmlichkeit bin ich verpflichtet anzusprechen, sonst hätte ich mir den ersten Teil der Überschrift zum Teil V sparen können. Zur Erinnerung: „Drei Wälder in einer Nacht!"

Welche drei Wälder? Ging es um ein Öko-Projekt? Nein, Greenpeace, auch keine andere Umweltorganisation, war nicht in meine OP involviert, es geht auch nicht um die unverhältnismäßige Rodung des Amazonas!

Die Überschrift bezieht sich, man glaubt es kaum, auf meinen Zimmernachbarn!

Auch meine Frau schnarcht manchmal, aber wenigstens in einem halbwegs erträglichen Mezzoforte. Aber meist „beruhigt" sie sich nach kurzer Zeit wieder und so muss ich mich nicht echauffieren, kann meist weiterschlafen.

Aber was mein Zimmergenosse in der Nacht vom 9. auf den 10. Dezember zustande gebracht hatte, das war würdig, ins Guinness-Buch der Rekorde aufgenommen zu werden. Ich dachte, ich hätte einen Dinosaurier zu Gast.

Auch ein 200-Mann-, gespickt mit Frauen, Orchester, das „Le sacre du printemps" von Strawinsky zum Besten gibt, oder gar den Walkürenritt von Richard Wagner, könnte an den Fortissimo-Stellen nicht annähernd die Lautstärke erreichen, die Mr. Lungenentzündung, ohne sichtbare Anstrengung, mithin mühelos, im Stande war, zustande zu bringen.

Und in der Überschrift ist deshalb von drei Wäldern die Rede, weil das terrorisierende Geräusch über sechs Stunden andauerte! Wenn diese Leistung schon nicht in Bezug auf die erzielte Dezibel-Zahl ins Guinness-Buch aufzunehmen war, so doch wegen der Ausdauerleistung.

Anfangs dachte ich noch, die geeignete Waffe gegen diese schlafraubende Attacke bei mir zu haben, nämlich den geliebten i-Pod!

Rasch stöpselte ich mich zu - es geht nichts über „in-ear"-Headphones - und lauschte den Klängen von Wagners „Ring des Nibelungen", genauer gesagt, Siegfrieds Schmelz- und Schmiedeliedern. Ich wollte nur eine Zeitlang lauschen, immerhin sollte man doch ausgeschlafen sein, wenn man operiert wird, oder? Es stellte sich allerdings die berechtigte Frage, ob dies wirklich notwendig war. Vielleicht konnte man sich die Narkose ersparen, wenn man schon schlief, bevor man noch in den OP-Saal geschoben wurde?

Sie können sich mein Entsetzen ansatzweise vorstellen, als ich feststellen musste, dass, obwohl ich den Lautstärkeregler des i-Pod bis zum Anschlag aufgedreht hatte, die wunderschöne Musik meines geliebten Richard W. andauernd von mehr oder weniger regelmäßigem „Sägen" unterbrochen wurde. Auch wenn „Siegfried" zu einem großen Teil in der Natur spielt, ich konnte mich nicht erinnern, dass er Bäume zu zersägen hatte.

Das unerträgliche Geräusch vergällte mir den zur vollkommenen Entspannung vorgesehenen Musikkonsum! Es entstand, wenn man so will, eine neue Musikrichtung, womöglich wurde in dieser denkwürdigen Nacht eine neue Art von Duett geschaffen! Man musste den Schnarcher nur ein wenig ausbilden, erziehen!

Es konnte nicht angehen, dass unmotiviert und unkontrolliert der Melodiefluss dauernd gestört wurde, aber eine gezielt eingesetzte „Prise" KRRRRRR-CHHRRRR, an den geeigneten Stellen zum Einsatz gebracht, könnte durchaus anregend wirken, die Dramatik in der Musik verstärken. Man könnte den Herrn eventuell als „Fafner", also als Drachen, der den Hort der Nibelungen behütet (bis Siegfried ihm den Garaus macht!), einsetzen.

Dazu musste man die Szene mit Siegfried nur ein wenig ausbauen. Dafür würde sich sicher ein Regisseur finden lassen! Immerhin könnte auf diese Art sichergestellt werden, dass ein Drache auf der Bühne agierte, und nicht eine Lokomotive (obwohl...??) oder gar ein Nazi-Scherge, wie einige Regisseure, die dem Regietheater huldigen, diese Figur schon interpretiert hatten !

Nun blieb mir nur mehr die Vorfreude auf ein wohlverdientes Frühstück! 4.20h war es geworden. Lange würde es nicht mehr dauern.

Die nächste Enttäuschung: Es wurde kein Frühstück gebracht! Auch das noch!

Bis 5.30h gab ich die Hoffnung nicht auf, doch noch eine Mahlzeit zu bekommen. Irgendwann muss ich dann eingeschlafen sein. Mein Zimmernachbar hatte beschlossen, eine Pause einzulegen beim Schnarchen! Also doch kein Konditionswunder!

Um 7.30h bequemte ich mich aufzustehen, zum Schwesternzimmer vorzugehen und wenigstens nach einer Infusion zu verlangen.

Frage der (zuständigen?) Schwester: „Wann hätten Sie denn gern die Infusion?" „Nun, so in 25 Minuten", beeilte ich mich zu erwidern.

Und nichts geschah! Nein, so kann man es nicht beschreiben. Mir wurde Fieber gemessen, mein Blutdruck wurde überprüft. Später wurde das Zimmer sauber gemacht. Es war ein ständiges Kommen und Gehen.

Man (oder war es nur ich?) konnte ein lautes Knurren vernehmen. Mein Magen hatte begonnen, sich selbst zu verdauen und beschlossen, dabei Geräusche des Unmuts von sich zu geben.

45 Minuten später, vollkommen verzweifelt, bereits an mittlerer Übelkeit leidend und den Tränen nahe, mache ich einen schüchternen Versuch, doch noch meine Art Ersatzfrühstück zu bekommen. Wie sollte ich denn eine Vollnarkose überstehen, die ein Physiotherapeut als „Vollrausch" tituliert hatte (Sie haben vermutlich auch sofort erkannt, dass das nur der „wilde" Tiroler aus Teil II dieser Story gewesen sein konnte!), wenn ich keine „Unterlage" hatte? Jedem vernünftigen Besäufnis (was soll denn das sein? Nun, gemeint ist ein wohldosiertes, ohne „Auswurf" und „Hangover"!) geht ein gepflegtes Essen voraus. Je fetter die „Unterlage", umso leichter verträglich der Alkohol! Ach ja, und möglichst viel Wasser sollte dazu getrunken werden. Nein, nicht zum Bier!

Meine neuerliche Anfrage wegen des „Frühstücks", vorgebracht bei einer anderen Schwester, und zwar am

„Stützpunkt", bringt folgende Antwort: „Wahrscheinlich ist die Infusion schon bereitgestellt, sie wird im Nebenzimmer stehen!"

In Panik suche ich dieses auf, sehe aber keine Infusion. Es wird sie doch niemand gestohlen haben?

Was wird denn hier gespielt? Ich denke, dass Psychoterror in einer Privatklinik verboten sein sollte! Ich bin doch in keinem Boot-Camp!

30 Minuten später wird der Ständer mit der angehängten Flasche hereingebracht. Ich habe es geschafft, so glaube ich wenigstens. Jetzt kann es nicht mehr lange dauern, bis sich ein vollkommenes Wohlgefühl einstellt!

Frau in hellgrünem Gewand, unter Umständen die zuständige Schwester - leider hatte ich die diversen Zuständigkeiten in der kurzen Zeit meines Aufenthalts noch nicht durchschaut! - erklärt, mir einen Liter „verpassen" zu wollen. Es werde in etwa eine Stunde dauern, bis die Flüssigkeit in meinen Körper getröpfelt sein werde. Nun, da war noch Zeit genug. Ich sollte erst in drei Stunden operiert werden.

Weitere 60 Minuten später werde ich von der vierten Schwester gefragt, ob ich denn nun die Infusion wolle.

Meine Replik: „Ja gerne, nur davor müsste man noch einen „Venen-Flown" setzen!"

„Ach da sind wir nicht schuld, ein Arzt muss diesen Flown setzen! Ich kümmere mich darum!"

Die vorletzte Etappe meines Überlebenskampfes schien erreicht worden zu sein. Ich würde hoffentlich doch nicht als Skelett enden, die Narkose würde ich „mit links" wegstecken. Nur ein wenig Geduld noch....

Mein „Snorer" - so hatte ich den Mann in meinem Zimmer in meinem Geiste „getauft" - und ich, wir witzelten schon: "Vermutlich wird vom Patienten erwartet, dass er sich selbst einen Venenzugang schafft!"

„Ja, also bitte, stellen Sie sich doch nicht so an! Das kann doch nicht wirklich schwer sein!"

Um 10.50h habe ich dann endlich mein Frühstück in absolut flüssiger Form erhalten! Oh Yeah.....

Zur Verstärkung des entspannenden Effekts war mir auch schon die „Wurstigkeitstablette" gegeben worden. Hätte man mir diese schon früher verabreicht, hätte man sich das flüssige Frühstück sparen können, denn vermutlich wäre es mir „wurst" gewesen (in Österreich und auch in Bayern wird mitunter „wurst", wohl eher „wurscht", statt egal gesagt!), ob ich denn Nahrung aufnehme oder nicht.

Da alle weiteren Vorgänge mehr oder weniger perfekt abgelaufen sind, insbesondere die Arthroskopie, ich auch tatsächlich bereits am nächsten Tag die Klinik wieder verlassen konnte, die Physiotherapeutin mir drei Stunden vor der Entlassung den Umgang mit den Krücken beigebracht hatte, wobei ich das Bein, dessen oberes Ende abgesägt worden war, bereits mit 50% belasten durfte, besonders ausgeprägte Muskeln also nicht erforderlich waren, mein Training der Oberarrne aber nicht zu meinem Schaden gewesen sein konnte, gibt es nichts Erheiterndes mehr zu berichten.

Ach ja: Bei der Entlassung wurde mir ein Zertifikat überreicht! Ich war der Mann, der am längsten, ohne sichtbare Schäden zu erleiden, kein Frühstück bekommen hatte. Ich hatte das Überlebenstraining gewonnen, mit deutlichem Abstand zum Zweiten!

Ich schließe mit Hamlet: Der Rest ist Schweigen!

Anneliese und Jakob, beide nicht nur der Kunst zugetan

Neueste Erkenntnis des Autors (no, da kommt er aber früh drauf, würden manche sagen!): Der Mensch ist nicht dafür geschaffen, allein zu sein. Daran hatte auch schon Gott gedacht, bei der Erschaffung der Erde (siehe Buch Genesis). Andererseits ist die Spezies Mann sehr oft auch unzufrieden, gerade weil er eine Partnerin hat. Aber heute will ich die schönen Seiten des Lebens aufzeigen! Es gibt gelegentlich immer noch - und diese Tatsache gibt Hoffnung! - „Le grand amour", oft auch eine „Amour fou", und zwar nicht ausschließlich in Rosamund Pilcher-Romanen. Aber die Regel gilt immer noch: Gelegenheit macht Diebe. Und schon stellt sich ein gewiefter Leser, umso mehr natürlich eine gewiefte Leserin, die Frage: Können nicht sogenannte „Pantscherln" (für alle Nicht-Österreicher: Ein „Tête à tête") auch in einem Chor vorkommen? Die Antwort liegt auf der Hand: Aber ja, natürlich.

Und so war Jakob, ein lustiger und charmanter Kerl, obendrein noch ein hervorragender Tenor, daran interessiert, die äußerst attraktive Frau Munze näher zu „besehen" (Zitat aus Richard Strauss´ Oper „Salome"!). Anmerkung für alle Leser, die entweder keinen Opernführer zu Hause haben und auch den genauen Text des Werkes nicht kennen, oder nicht gewillt sind, zwecks Aufklärung des Mysteriums, sich ein Libretto oder gar eine Partitur - wie übrigens der Autor - anzuschaffen: Salome, die vollkommen durchgeknallte Prinzessin von Judäa, möchte, aus einer Laune heraus, den Propheten Jochanaan, besser bekannt als Johannes der Täufer, der in einem Verlies von König Herodes gefangen gehalten wird, "näher besehen".

Back to the story! Die beiden kennen sich vom Chor mit dem unvergesslichen Namen „Die späten Romantiker". Die Bezeichnung ist keinesfalls so zu verstehen, dass Chormitglieder mindestens das 65. Lebensjahr erreicht oder überschritten haben müssen! Ist aber doch allenfalls eine Anspielung auf das Repertoire, dem sich der Chor (auch) verpflichtet fühlt, nämlich den Werken von Richard Strauss, Gustav Mahler und Anton Bruckner.

Die vom Tenor ins Auge gefasste Frau Munze ist verheiratet. Ihr Mann, zum Kassier des Gesangsvereins gewählt, mit Namen Reinhard, kommt zu keinen Proben, er muss nur drei- bis viermal im Jahr die Überprüfung der Ein- und Ausgaben vornehmen. Und diese Überprüfung kann er sogar zu Hause vornehmen. Man muss ihm zu diesem Behelf nur die Unterlagen zukommen lassen.

Anneliese ist 34 Jahre alt. Sie hält sich seit Jahren körperlich gut in Form. Dreimal in der Woche besucht sie ein Fitness-Studio. Nein, sie möchte keine Bodybuilderin werden. Es geht lediglich um die Erhaltung einer sehens- und daher lobenswerten Figur. Sie arbeitet Montag, Dienstag und Donnerstag bei einem HNO-Arzt als Sprechstundenhilfe. An den beiden erstgenannten Tagen sind nur die Vormittage dem Job gewidmet, am Donnerstag lediglich drei Stunden am Nachmittag.

Anneliese ist dunkelblond, ein freundlicher Typ. Mit ihren 173 cm würde sie zwar in keinem Basketball-Verein aufgenommen werden, aber das war ohnehin nie ihr Ziel.

Mit einem Wort, das Zusammenspiel aus Fitness und wohl dosierter Nahrungsaufnahme (oder eben keiner mehr nach 17.30h!) lassen jeden Mann sofort erkennen: Die Proportionen passen, ja sogar sehr gut!

Im Allgemeinen ist sie mit ihrem Reinhard zufrieden, aber einmal ein Abenteuer einzugehen, dagegen hätte sie nichts einzuwenden! Reinhard ist oft nicht zu Hause. Wichtige Geschäftsreisen ermöglichen zwar ein sorgenfreies Leben, sind aber der Beziehung nicht förderlich. Er kümmert sich wenig um die Beziehung zu seiner Frau, gehört noch ein wenig in die vom Aussterben bedrohte Kategorie Macho.

Ob die Ehefrau glücklich ist, sich wohl fühlt, ist unwichtig. Der Lebensstandard ist hoch, das alleine zählt, jedenfalls in den Vorstellungen des Herrn Munze! Die von vielen nicht sehr geliebte, weil langweilige, Routine hat Einzug gehalten in dieser Ehe.

Nach einer Chorprobe im Mai, es war so in etwa vor drei Jahren, gab es das inzwischen üblich gewordene „Chill out" (um der modernen Version gegenüber der „alten" Wendung „gemütliches Ausklingenlassen" den Vorzug zu geben!), und zwar in einem nahe gelegenen Restaurant.

Da es sich um keine Hochzeitstafel handelte, war auch die Sitzordnung frei wählbar.

Und wie es der Zufall so wollte - Sie bemerken selbstverständlich aus dem weiter oben Ausgeführten, dass es keinesfalls Zufall gewesen sein kann! - saßen der Tenor Jakob und „Pretty Woman" Anneliese nebeneinander. Lockerer Smalltalk war angesagt.

Wie sich bald herausstellte, war Anneliese auch ein Opern Fan, und außerdem las sie gerne Krimis, ein Hobby, welches sie mit Jakob teilte.

Oft genügt bereits ein Thema, über das zwei Menschen stundenlang reden können, um das Gegenüber ansprechend zu finden. Wenn man sich nun sogar über zwei vollkommen unterschiedliche Hobbies unterhalten kann, ist die Gefahr, dass den jungen Leuten der Gesprächsstoff ausgehen könnte, gar nicht gegeben.

Jakob plauderte ein wenig aus dem Nähkästchen.

Er hatte einmal eine grandiose Vorstellung von „Andrea Chénier" erlebt, mit einem hervorragend disponierten Franco Bonisolli. Merkmale: italienischer Heldentenor, kohlrabenschwarzes Haar, ein Temperament, das zu zügeln er kaum imstande war, dazu noch eine bombensichere Höhe. Und außerdem noch ein Sänger, der Schluchzen und „Schnalzen" als absolut notwendig erachtete. Tja, und ein bezauberndes Timbre hatte er obendrein,

Der Protagonist der Oper musste, als Feind der französischen Revolution, im vierten Akt unter die Guillotine.

Obwohl er sich vor dem Ankläger Fouquier-Tinville im dritten Akt sehr gut verteidigt hatte, wollte das Volk seinen Tod.

Damit sein Abschied vom Leben leichter fällt, singt er noch im vierten Akt die Arie „Come un bel dí di maggio", in perfektem Legato, zum Steinerweichen. Der Text ist Poesie, wird frei übersetzt mit „Gleich einem Frühlingsabend", heißt aber genau genommen „Wie an einem schönen Tag im Mai". Das kann aber der deutschsprachige Tenor mit dem vorgegebenen Notenmaterial offenbar so nicht singen….

Und seine Geliebte beschließt, ihm auch noch letzte schöne Stunden zu zweit zu bescheren. Sie lässt sich unter falschem Namen in seine Zelle sperren. Montserrat Caballé, eine spanische Sopranistin der Extraklasse (trotz ihrer ungefähr 120 kg Körpergewicht brachte sie die feinsten „Pianissimi" zustande, wahrhaft eine Grande Dame der Oper!), mimte die Madeleine di Coigny.

Jakob erzählt: „Und in vielen Inszenierungen sieht man dann den Karren, der die beiden Delinquenten zum Schafott bringen soll. Der Franco wollte als jugendlicher Liebhaber, und eben ausgerüstet mit einem unbändigen Hang zur Dramatik, seine Angebetete auf den Wagen heben. Aber die immens schwere Caballé hatte er dann doch nicht „gestemmt"! Er musste sie wieder absetzen, bevor ihre Füße den erhöhten Boden des Leiterwagens, auf dem sich Andrea Chénier befand, erreicht hatten!"

Peinlich für die Sängerin, aber eine köstliche Anekdote!

Doch weiter in unserer kurzen Liebesgeschichte.

Nach dem allgemeinen Aufbruch gehen die beiden nebeneinander aus dem Lokal. Jakob, der mit seinem BMW gekommen war, bietet an, Anneliese heim zu bringen.

Diese nimmt an, da es ihr nichts ausmacht, auf die Benützung öffentlicher Verkehrsmittel, insbesondere am Abend, an dem sie nur in sehr großen Intervallen verkehren, zu verzichten.

Während der Fahrt eröffnet Jakob das Gespräch: „Und jetzt steht vermutlich ein Fernseh-Abend ins Haus!".

Ihre Replik gibt Anlass zur Hoffnung: "Ja, leider! Soweit ich informiert bin, steht ein Fußball-Match auf dem Programm. Nicht gerade berauschend!"

Der vom Charme der Anneliese angetane Sänger bietet spontan ein Alternativprogramm an.

„Wenn du willst, können wir auf den Cobenzl (Anmerkung: ein Hügel im 19. Wiener Gemeindebezirk, etwas außerhalb der Stadt) rauf fahren und noch ein wenig spazieren gehen. Dann hast du wenigstens eine Hälfte „eingespart"!"

Die Einladung wird mit einem dankbaren Lächeln angenommen.

Gesagt getan!

Es ist ein lauschiger Abend, ein leichter Wind bläst. Je wärmer die Außentemperaturen, desto heißer geht es auch in den Körpern und Seelen der meisten Menschen her!

Der BMW kommt nach der Überwindung der Höhenstraße, die einige großangelegte Serpentinen aufweist, auf dem großen Parkplatz zum Stehen. Außer diesem PKW sind nur noch vier andere, verlassene Autos zu sehen. Es ist bereits dunkel.

Bevor Jakob und Anneliese sich daran machen auszusteigen, berührt Jakob die Hand seiner Beifahrerin. Anneliese dreht sich um und sieht Jakob an. 15 Sekunden vergehen. Da nicht gesprochen wird, scheint es eine kleine Ewigkeit zu sein. Es ist der entscheidende Augenblick.

Zärtlich nimmt Jakob Annelieses Kopf in seine Hände und beginnt sie zu küssen. Sie wehrt sich nicht. Im Gegenteil, sie erwidert seinen Kuss.

„Butterflies in the stomach"! Jedenfalls was Anneliese betrifft. Ein wunderbares Gefühl erfüllt jeden von ihnen. Anneliese löst sich. Sie ist noch nicht mit sich im Reinen. Wie weit soll, genauer: darf, sie denn gehen? Noch ist es Zeit, einen Schlusspunkt zu setzen. Und das tut sie auch. Aber, wie ein Brite es ausdrücken würde: „For the time being"!

„Ich glaub´, das Spazierengehen müssen wir verschieben. Es ist schon spät. Und ich will ja heute nicht noch einem Verhör unterzogen werden! Bring mich bitte jetzt nach Hause!"

Gentleman vom Scheitel bis zur Sohle, und nicht im Mindesten daran interessiert, sich die eigene Zukunft mit Anneliese zu verbauen, reagiert Jakob liebenswürdig.

„Du hast Recht! Ich habe mal gehört, man soll aufhören wenn´s am schönsten ist! Es war ein wunderbarer Abend. Anschnallen, gnädige Frau!"

Ob es eine Fortsetzung geben wird?

25 Minuten später - es ist 23h - setzt der Kavalier Anneliese bei ihrem Haus ab. Von dem Match muss sie nur mehr die letzten 12 Minuten an der Seite ihres Mannes ansehen.

Mit der Erklärung, man habe etwas länger geprobt und sei dann noch auf ein Getränk gegangen, gibt sich Reinhard, jedenfalls an diesem Dienstag, zufrieden.

Drei Wochen später muss Reinhard Munze nach London fahren. Er besucht ein Seminar. Bereits am Montag tritt er seine Reise an. Am Dienstag folgt dann, den ganzen Tag über, ein Vortrag dem anderen. Ein gemeinsames Abendessen aller Seminaristen - hoppala, das sind ja solche, die einmal Priester werden wollen?! - also aller Seminarteilnehmer, gemeinsam mit den Vortragenden, steht auf dem Programm. Und diese Dinner machen Spaß! Der Veranstalter, der immerhin einen mehr als gerechtfertigten Preis vorgeschrieben hatte, lässt sich nicht lumpen. Ein In-Lokal wurde gewählt. Ein viergängiges Menü wird serviert. Dazu kredenzt man einen hervorragenden Rotwein. Am Mittwoch gibt es dann noch vier Vorträge, der Rückflug ist für 16.30h geplant.

Was bedeutet denn all das für Anneliese? Nun, sie ist ganz alleine zu Hause. Bei der Chorprobe am Dienstag lässt sie diese Information Jakob zukommen.

Da Jakob keinen Auftritt hat, anderweitige soziale Verpflichtungen ihn auch nicht einengen (anders formuliert: Er ist Junggeselle), packt er die Gelegenheit beim Schopf! Er bedauert Anneliese ob ihrer Einsamkeit und der Frustration, die sich bei ihr schon lange breit gemacht hat, offeriert spontan, ihr die Langeweile, nach seinen Möglichkeiten, zu vertreiben.

Anneliese sagt zu: "Warum nicht. Geteilte Einsamkeit ist gar keine mehr!"

Mit einem Schuss Ironie richtet er, als die beiden in der Pause unbeobachtet sind, folgende Frage an die Angebetete: "Also jetzt stelle ich doch glatt die Frage: Eierlikör oder Frucade? Nein, das war nur ein Spaß!"

(Anmerkung: In einer Talkshow, die in den 90er Jahren des vorigen Jahrhunderts im österreichischen Fernsehen gesendet worden war, hatte diese Frage ein Herr Phettberg, der Talkmaster, immer seinen Gästen gestellt!).

Jakob hatte in Wahrheit die klassische Frage stellen wollen: Zu dir oder zu mir?"

Sie überlegt kurz, dann antwortet sie nonchalant: "Wenn du mir ausschließlich deine Briefmarkensammlung zeigen willst, dann müssen wir zu dir! Solltest du bevorzugen, mir lieber diverse Spiele zu zeigen, dann können wir gerne zu mir gehen!"

Da unser Held keine Briefmarkensammlung besitzt, ist die Wahl der Örtlichkeit rasch getroffen. Und jetzt mal ehrlich, entre nous: Welche Frau interessiert sich denn überhaupt für die Philatelie? Wohingegen der Spieltrieb den meisten Menschen immanent ist.

Nach einem bescheidenen Mahl, einem guten Tropfen Rotwein, und einem weiteren Austausch von Zärtlichkeit, geht Annelise voran ins Schlafzimmer. Sie nimmt Jakob bei der Hand, er küsst im Gehen ihren Nacken.

Ein wenig seltsam ist es schon für sie, im ehelichen Bett nun den Galan zu haben. Andererseits ist das Sexualleben mit Reinhard bereits auf ein Minimum reduziert. Meist verbringen sie die Abende entweder vor dem TV-Gerät, oder man liest, nebeneinander liegend, ein mehr oder weniger spannendes Buch. Selten schlafen die beiden miteinander. Reinhard ist meist müde und hat auch keine Lust. Nun bemüht sich endlich wieder einmal ein Mann um sie! Er sieht gut aus, ist witzig, charmant und geistreich, und was die Sache auch etwas erleichtert, unverheiratet. Anneliese ist allerdings noch nicht sicher, was denn nun werden soll. Wird es nur ein „One-Night-Stand" oder soll daraus ein Verhältnis werden? Aber diese Frage will sie nicht jetzt klären. Heute will sie einmal genießen, sich fallen lassen, dem Schicksal dankbar sein für die wunderbare Abwechslung.

Was ihr an Jakob bisher so gefällt, ist sein Einfühlungsvermögen. Er ist nicht der stürmische Liebhaber, der in die Wohnung kommt, sich die Kleider vom Leib reißt und quasi sofort zur Sache kommt. Er hat alle Zeit der Welt. Er geht auf Anneliese zu und ein, er dringt (vorerst!) nicht in sie.

Man isst zuerst zu Abend. Er kocht eine Omelette, sie bereitet den Salat zu. Während des gemeinsamen Kochens hält er immer wieder inne, zieht Anneliese sanft zu sich heran. Sie geht darauf ein, lächelt ihn an.

Er küsst sie auf den Hals, er drückt sie an sich, flüstert ihr ins Ohr: „Du bist wunderschön! Ich mag dich sehr. Wir werden eine wunderbare Zeit miteinander haben!"

Anneliese erwidert: „Ja das glaube ich auch. Du bist ein großartiger Mann. Ich liebe es, wenn jemand meinen Hals und meine Schultern küsst!"

Das Dessert mundet ihnen. Es ist kalorienarm und wird im Schlafzimmer „eingenommen". Und ein wenig Kitsch darf sein: Man isst „Heiße Liebe"! Für alle, die Süßes nicht mögen, sei es, weil es nun einmal viele Kalorien hat, sei es, weil sie prinzipiell nicht naschen (ja, auch diese Menschen gibt es!): Die Hauptingredienzien sind Himbeeren und ein Vanilleeis.

Nach diesen kulinarischen Köstlichkeiten ist man bereit für ein weiteres „Dessert"!

Ohne Eile beginnt Jakob, Anneliese auszuziehen. Langsam öffnet er die Knöpfe ihrer Bluse. Er streichelt sie dabei unentwegt mit der freien Hand auf ihrer rechten Seite. Dann beginnt er, sie zärtlich zu küssen. Anfangs auf den Mund, dann auch auf den Hals.

Anneliese schließt die Augen. Er öffnet den Verschluss ihres Büstenhalters. Er haucht Küsse auf ihre Brustwarzen. Sie schaudert. Leise stöhnt sie in sein linkes Ohr: „Du tust mir so gut!". Er beginnt die Warzen mit seiner Zunge zu liebkosen, saugt vorsichtig daran. Die Warzen versteifen sich, Gänsehaut bildet sich auf Annelieses Armen.

Erst danach entledigt sich Jakob, ohne unnötige Hast, auch seines Gewandes.

Er beginnt, sie sehr liebevoll abzutasten, über ihre makellose, weiße Haut zu streichen.

Behutsam geht er vor, dabei bahnt sich seine Zunge langsam einen Weg durch die leicht geöffneten Lippen. Das Spiel der Zungen beginnt. Sie wird leidenschaftlicher, erwidert seine Vorstöße, erforscht auch seinen Mund. Unwillkürlich stöhnt sie.

Sie knabbert vorsichtig an seinem Ohrläppchen und flüstert ihm ins Ohr: "Mach´ weiter, mein Süßer!" Er beginnt, sanfte Küsse auf ihrem Körper zu verteilen. Als er sich gefährlich nahe bei ihrem Slip befindet, zieht sie ihn sanft weg. Noch ist es nicht soweit!

Danach zieht sie seinen Kopf zu sich herauf. Dabei murmelt sie:"Zuerst bist du dran!"

Anneliese verwöhnt Jakob auf eine Weise, die alle Männer sehr gerne haben. Ihre Zunge treibt ihn beinahe in den Wahnsinn. Doch auch er hat Geduld, will sich noch nicht vollkommen hingeben, sich noch nicht ergießen.

Erst nach einem langen Vorspiel dringt er in sie ein. Sie ist nicht mehr feucht, nein sie ist nass! Auch da gilt, um es in der Sprache der Musik auszudrücken: „Adagio, non troppo!"

Er steigert das Tempo kontinuierlich, und erst als sie nicht mehr bereit ist, länger zu warten und ihr Körper sich beginnt immer heftiger zu bewegen und sie ihn, vollkommen erregt, auffordert, sie endlich explodieren zu lassen, startet er ein „Finale furioso".

Sie zittert, nachdem sie gekommen ist. Vier-, fünfmal wird ihr Körper von Konvulsionen geschüttelt. Sie muss nichts vortäuschen, sie empfindet so!

Erschöpft lösen sich die beiden Körper voneinander. Erst nach einer Weile schlafen beide befriedigt ein.

schweben wir doch dahin, wenn es gewünscht wird, notfalls auch bei 34°C im Schatten

Auf die sprichwörtlich gewordene Insel geht es heute, zumindest gedanklich. Und es ist nicht irgendeine Insel, sondern das für sein feuchtes Klima bekannte Großbritannien (GB).

Im Mittelpunkt meiner Ausführungen steht der Slowfox, der „König" der Standard-Tänze, der seine Wurzeln in eben diesem GB hat.

In „Wikipedia" kann man dazu finden:

„Der Slowfox ist ein typisch englischer Standardtanz. Er wird charakterisiert durch fließende raumgreifende weiche Bewegungen und verkörpert von allen Standardtänzen am besten das englische Understatement. Es wird gesagt, dass man beim Slowfox eine volle Tasse auf den Kopf der Dame stellen können muss, ohne dass ein Tropfen verschüttet wird."

Die schönste und liebste Frau jenseits der Donau, kurz meine Ehefrau, und ich besuchten vor nicht allzu langer Zeit einen Kurs in diesem doch, um es euphemistisch zu formulieren, ein wenig abweichend von all den anderen Tänzen zu tanzenden Tanz (Anmerkung: Ein sehr trivialer Stabreim; Richard Wagner konnte es oft besser!), um auch der britischen Lebensart auf die Spur zu kommen.

Erste Eindrücke: Alles ist anders. Das beginnt bei der Haltung, geht weiter über die Schrittfolgen - es gibt kein Schließen, man fließt quasi unentwegt dahin! - die Dame ist dazu verurteilt einen „Moonwalk" vorzuführen, d.h. sie schleift die Füße über das Parkett, wenn sie in der Rückwärtsbewegung ist, und endet bei der „Neigung". Mit letzterem Ausdruck ist nicht die Zu- oder Abneigung der Partner zueinander gemeint, nein, es wird verlangt, dass man sich, möglichst mit dem ganzen Körper, recht seltsam seitlich ein wenig zur Seite neigt. Im Klartext: Wenn der rechte Fuß vorwärtsschreitet (nach dem mit dem linken Fuß begonnenen Dreierschritt), und zwar bitte auf dem Fußballen - nur der erste Schritt ist ein Fersenschritt! - soll sich der Tänzer ein wenig nach links neigen. Und nach dem nächsten Schritt (wenn es nicht nach Tempelhüpfen aussehen soll, ist das ein solcher mit dem linken Fuß!), muss er das geplagte „Gestell" auf die rechte Seite biegen.

Nach einer gewissen Zeit ist man tatsächlich in der Lage zu schweben, der Slow Fox ist also als psychologisch wertvoll, als positive Gefühle erweckend, ja womöglich als paradiesisch, einzustufen. Allen, die lieber „Zackiges", wie etwa einen Tango, bevorzugen, sei geraten, einen großen Bogen um den „Langsamen Fuchs" zu machen.

Nach sechs Tanzabenden war der Kurs abgeschlossen. Einerseits leider, weil wir naturgemäß noch nicht viel gelernt hatten, andererseits gottlob, weil es bereits mehr als hochsommerliche Temperaturen im Tanzsaal hatte und einige die Sauna lieber gesondert aufsuchen wollten.

Wo tanzt man bitte Slow Fox? Nun ja, wenn es die Umstände erfordern/gestatten, auf einem Campingplatz in Kroatien.

Die Großfamilie begibt sich auf Urlaub. Man genießt das Ambiente, angefangen vom in unseren Breiten nicht immer alltäglichen Sonnenschein, über Tischtennis und Jet-Ski bis hin zum Plantschen im andauernd einige Dezibel „erzeugenden" Swimming-Pool, verursacht durch eine unbezähmbare Meute Kinder und eine viel zu laut aufgedrehte Musik. Ach ja, das Meer war ja auch noch da! Und wahrhaft nicht kalt.

Am Abend wurden im großen Restaurant regelmäßig Shows dargeboten. Vor allem die in großen Mengen vorhandenen Jugendlichen waren sehr angetan. Sie bewunderten auch die Tanzeinlagen der Animateure.

Und an einem dieser Abende hatten sich auch meine liebste und schönste Ehefrau von allen (bitte, damit kein Irrtum entsteht: Ich bin kein Bigamist, und schon gar kein Mormone!) und ich in besagtem Restaurant eingefunden. Angeregt durch die Show, begünstigt durch bereits beinahe erträgliche Temperaturen, wagten wir uns auf die „Fläche".

Angenehmerweise war bereits der Großteil der Besucher (vermutlich) auf ein Bierchen gegangen, und so stand meiner angeborenen Schüchternheit nichts mehr im Wege. Ein kleines Manko: Ich hatte weder Frack noch Smoking eingepackt. Und auch die gnädige Frau hatte kein passendes Outfit. Nun denn, so mussten wir, immerhin sehr angepasst an das dortige Umfeld und die bereits erwähnten

Temperaturen, eben in Badehose und Bikini, zusätzlich außerdem auch barfuß, das Wenige zum Besten geben, das wir gelernt hatten.

Wir „slowfoxten" also zum Gaudium unserer Kinder und deren Freunde ein paar Minuten durch die Gegend. Auch nicht zu unserer Familie Gehörende warfen einen musternden Blick auf das „Parkett", präziser: den Fußboden des Restaurants.

Und da uns keine Tomaten um die Ohren geschleudert worden waren, auch keine wüsten Pfeifkonzerte zu vernehmen gewesen waren, unsere Kinder uns sogar mit, wie ich meine, ehrlich gemeintem und herzlichem Applaus bedacht hatten - sie waren ja doch keine bezahlten Claqueure!- dürfen wir getrost davon ausgehen, dass es einfach gefallen hat. Trotz eines für diesen Sport nicht angebrachten „Outfits", und dann noch barfüßig!

Leute aus dem britischen Empire, Herr Nedbal, der gestrenge österreichische Tanzlehrer und -richter, und einige andere Puristen wären entsetzt gewesen, diesen doch ein wenig „steifen" Tanz derart leger und halbnackt vorgetragen bekommen zu haben. Aber sie waren ja ohnehin nicht anwesend. Was soll's, wir hatten unseren Spaß!

Nun habe ich die weniger tanzfreudigen Herren einer Ausrede beraubt: Man kann Slowfox praktisch immer und überall, in jedem Gewand, tanzen. Das gilt übrigens auch für andere Tänze!

Epilog oder, um mit Shakespeare zu enden, All´s well that ends well!

Sie haben es geschafft! Ob Sie, meine Damen und Herren, nun einige Kapitel übersprungen haben oder aber jedes Kapitel gelesen haben, Sie sind bis hierher vorgedrungen. Ohne mich gar zu wichtig zu nehmen, darf ich davon ausgehen, dass die „Reise" nicht wirklich schlimm war, und dass es wenigstens zehn Stellen gegeben hat, an denen sich Ihre Wangen ein wenig nach oben verschoben haben bzw. Ihr Mund breiter geworden ist, kurz: Sie gelacht haben.

Zuletzt möchte ich noch über meine älteste Tochter berichten. Die weiteren Nachkommen haben Sie ja schon kennengelernt, zumindest die männlichen (siehe Kapitel „Die schlagfertigen Filii").

Ein Vater, daran interessiert, seiner Tochter Zuwendung zu schenken, packt eine Packung Domino-Steine aus. Er schüttet sie auf den Parkettboden aus. Um seine Nähe zu dem kleinen Mädchen zu demonstrieren, kniet er sich hin. Und: Er nimmt, aus seiner Perspektive betrachtet, den Domino-Day vorweg. Aus seiner Perspektive deshalb, weil er dieses alljährlich stattfindende Event, das sogar im TV übertragen wird, bis dahin noch nie gesehen hatte.

Der Vollständigkeit halber sei noch ergänzt, dass der Vergleich mit diesem Ereignis natürlich ein wenig hinkt, denn es ging nicht darum, zwei oder drei Millionen Steine in atemberaubenden Arrangements fallen zu sehen,

Ziel der zu berichtenden Aktion war es lediglich gewesen, der Kleinen wenigstens ein Gesetz der Physik zu demonstrieren, und das mit ungefähr 30 Domino-Steinen.

Der Rest ist relativ rasch erzählt. Papa stellt vier Reihen Steine auf, in Schlangenlinien, und sieht dann, als die mühsam aufgebauten Steine der Reihe nach dahin purzeln, die Kinderaugen leuchten. Ziel erreicht!

Wegen des großartigen Erfolges wird das Manöver mehrere Male wiederholt. Und damit auch der intellektuelle Aspekt nicht zu kurz kommt, lehrt der Herr Papa die Kleine dann auch noch: „Liebe Françoise, das Umfallen der Steine nacheinander nennt man Kettenreaktion!" Man darf getrost davon ausgehen, dass im Gehirn der Vierjährigen mehrere (Warn) Lämpchen aufgeleuchtet haben. Das ungläubig dreinschauende Mädchen war ein beredtes Zeugnis dafür.

Am Abend kamen dann die Eltern des besonders intellektuellen Vaters zu Besuch. Es gab ein ausgezeichnetes Essen, zubereitet von der Frau des Hauses. Man hatte bereits das Dessert verzehrt, als plötzlich die vierjährige Tochter quer über den Tisch ruft: „Papa, mach mal das mit der Kettenerektion!"

D´rum lehre nie ein Kind, was es doch seltsam find´t!

Schließen möchte ich dieses Buch mit einer kurzen Beschreibung von Begebenheiten, die meiner Tochter Woglinde (Name von der Redaktion geändert!) zugeordnet werden können. Auch Sie soll hier ihren Auftritt haben, nicht nur ihre Geschwister!

Der von mir gewählte Name bezeichnet das kleine Wesen nicht annähernd, denn meine Tochter hatte von Anfang an nicht sanft - im Sinne von linde oder gelinde - gewogt. Sie stand für Action!

Zwei Episoden sollen demonstrieren, was ich meine.

Wir hatten das Baby mit der Tragtasche im Badezimmer abgestellt. Und zwar nicht in der Badewanne, sondern auf der Wickelauflage, die sich auf der Waschmaschine - letztere platziert am Ende der „Tub" - befand. Wichtig ist noch zu erwähnen, dass dies niemals geschah, wenn das Mädchen aus Leibeskräften schrie, wir also keineswegs versuchten, sie „abzuschieben", sondern nur dann, wenn sie sich dem Schlaf hingegeben hatte.

Eine für uns Eltern nicht immer angenehme Eigenart hatte diese Tochter entwickelt: Sie konnte bereits im Alter von wenigen Wochen die Uhr lesen! Da staunen Sie!! Nun, zumindest hatten wir diesen Eindruck gewonnen.

Jeden Abend um ziemlich genau 20.12h hatte die liebe Kleine sich angewöhnt, ein Geschrei zu erheben. Entweder hatte sie mitbekommen, dass Papa und Mama bisweilen über das lausige Fernsehprogramm lästerten, oder sie wollte uns vor dieser Art der (Volks)Verblödung bewahren, dafür Sorge tragen, uns die Kommunikationsfähigkeit zu erhalten. Kommuniziert sollte allerdings, aus Sicht der Kleinen, nicht zwischen den Eltern, sondern (gefälligst) mit dem Baby werden!

Ich gestehe: Ein oder zweimal hatte ich versucht, die deutlich vernehmbaren „Ermahnungen" Woglindens zu überhören und stattdessen dem TV-Programm meine Aufmerksamkeit zuzuwenden. Aber das hatte nie funktioniert. Jedenfalls nicht, wie man heute sagen würde, nachhaltig!

Die Natur hat alle Babys, zu ihrem „ur-eigensten" Schutz, mit einer zu Höchstleistungen fähigen Eustachischen Röhre ausgestattet. Babygeschrei erreicht bis zu 120 Dezibel! Dieser Wert ist, wenn man den Aussagen im „WWW" glauben darf, auch noch über dem Wert, den ein Presslufthammer erreicht! Hier der Vergleichswert für Fernseher: 70 Dezibel! Ist das nicht super eingerichtet? Die Ausrede der Eltern, sie hätten ihr Kind nicht schreien gehört, und es wäre deshalb verhungert, weil John Wayne im TV gerade drei Männer getötet habe, würde vor Gericht aller Voraussicht nach nicht halten!

Und an einem Donnerstag hatte Woglinde einfach genug, vom „langweilig" In-der-Tragtasche-Liegen.

Wir hörten einen dumpfen Knall und stürzten entsetzt ins Badezimmer. Was konnte da geschehen sein?

Unglaublich aber wahr: Woglinde hatte erste Surfversuche unternommen! Sie konnte sich doch nicht umdrehen, wie war es ihr dann gelungen, die Tragtasche in Bewegung zu bringen und die innere Wand der Badewanne dann als Rutsche zu benutzen? Nun ja: Not macht erfinderisch!

Was hatte sie gelernt: Eltern kann man nicht nur durch Schreien dazu bringen, herbeizueilen, auch ein wenig Geräuscherzeugung, verursacht durch gezielte Aktionen, erreicht diesen Effekt!

Sehr markant ist auch ihr Sinn für Action, im Sinne von Bewegung, wenn man unseren anno dazumal am Maltschachersee (für alle Nicht-Kärntenfans: ein wirklich kleines Gewässer in der Nähe von Feldkirchen), verbrachten Urlaub hernimmt.

Die Schwägerin und deren Kinder waren auch Gäste in dieser aparten Ferienanlage gewesen.

Wir hatten uns in der Nähe des Minigolfplatzes „angesiedelt". Ein Fehler, wie sich nachträglich herausstellen sollte!

Denn: Kaum hatte ich versucht, mit der Tante der kleinen ein Gespräch anzufangen, da musste ich mit Einsetzen, nach einem kurzen Blick auf unsere Decke, feststellen, dass Woglinde nicht mehr da war. Lauf, Papa, lauf, such dein Mädchen!

Nach einigem Absuchen des Horizonts, entdeckte ich die temperamentvolle „Maus" bei Loch 18 des Minigolfplatzes. Ich schnappte sie und führte sie auf unsere Decke zurück.

Berichten kann ich, dass ich in den zwei Wochen, die wir baden waren, gar keinen Sport betreiben musste. Nicht deshalb, weil ich doch so schlank und rank gewesen wäre, nein, einfach deswegen, weil mich Woglinde permanent auf Trab hielt.

Unter uns: Ich hätte damals gerne einen Kilometerzähler - also ich will nun nicht zu stark übertreiben: einen Schrittzähler - gehabt.

Man bezeichnet in der Umgangssprache unruhige oder temperamentvolle Menschen auch als Quecksilber.

Mit bleibt daher nur zu sagen: Quecksilber, dein Name ist Woglinde!

Freuen Sie sich auf Ihre Elternschaft: neben vielen anstrengenden, schwierigen, auch gefährlichen Situationen, ist auch für Heiteres und Sportliches gesorgt!

Es lebe die Familie! Sie lebe hoch!

Passiert ist unserer Kleinen, wenigstens in den geschilderten Fällen, nichts, sie hatte nun schon mehrere Male im Leben Spaß gehabt.

Wie schon im Titel vorweggenommen: All's well that ends well!